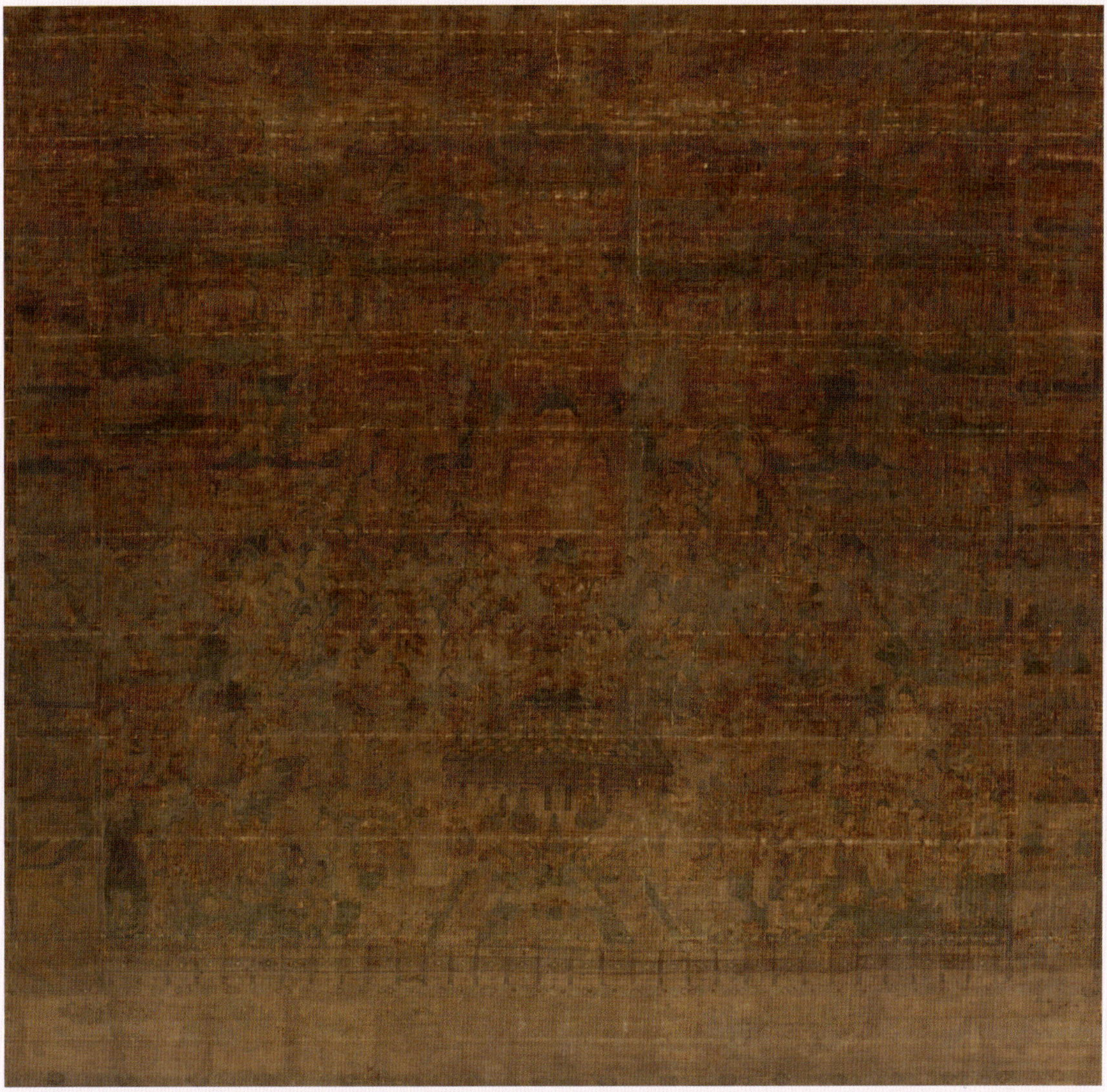

国宝 綴織當麻曼荼羅

（當麻寺蔵）

當麻曼荼羅 文亀本（當麻寺蔵）

室町時代後期に描かれた転写本。
文亀三年の銘がある。

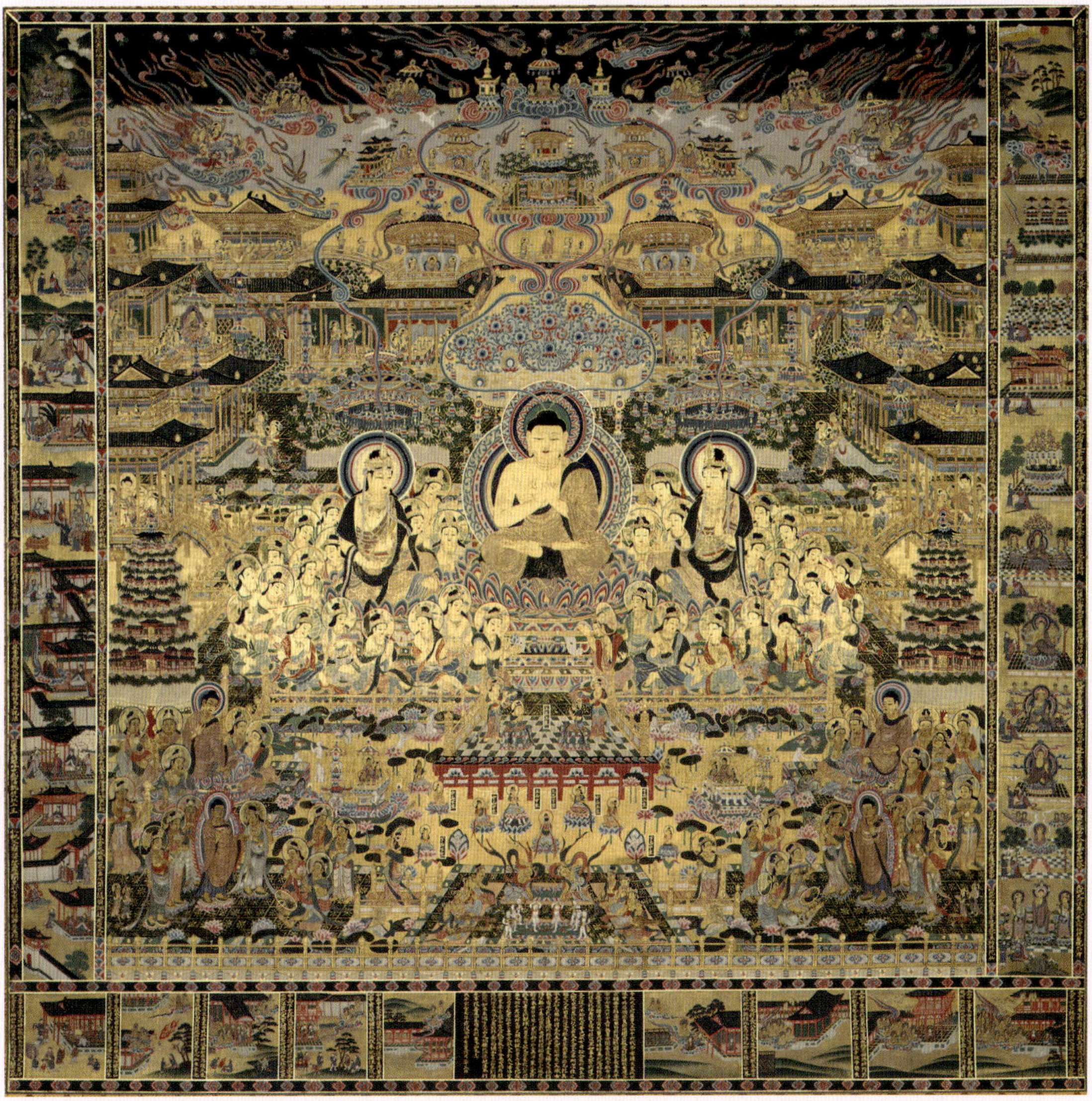

當麻曼荼羅 平成本（當麻寺中之坊蔵）

昭和の終わりから平成にかけて描かれた模写本。
平成五年に奉納された。

當麻曼荼羅
（部分）

當麻曼荼羅《たいままんだら》には2本の宝樹が描かれており、それぞれの木は七重の階層で、階層ごとに仏さまのおられる宮殿が横並びに連なって欄楯《らんじゅん》を形成。さらに豪華な網が掛けられています。

當麻曼荼羅《たいままんだら》にはさまざまな鳥が描かれています。菩薩《ぼさつ》の顔をした鳥が「羯羅頻迦《からびんか》（迦陵頻伽《かりょうびんが》）」で極楽世界を象徴する鳥です。池の傍には鴛鴦《おしどり》がいます。鴛鴦《おしどり》は『称讃浄土経《しょうさんじょうどきょう》』には登場しませんが『観無量寿経《かんむりょうじゅきょう》』の中に登場しています。

極楽世界では常に美しい音楽が聞こえていることが説かれており、
宙に浮く楽器がいくつも描かれています。

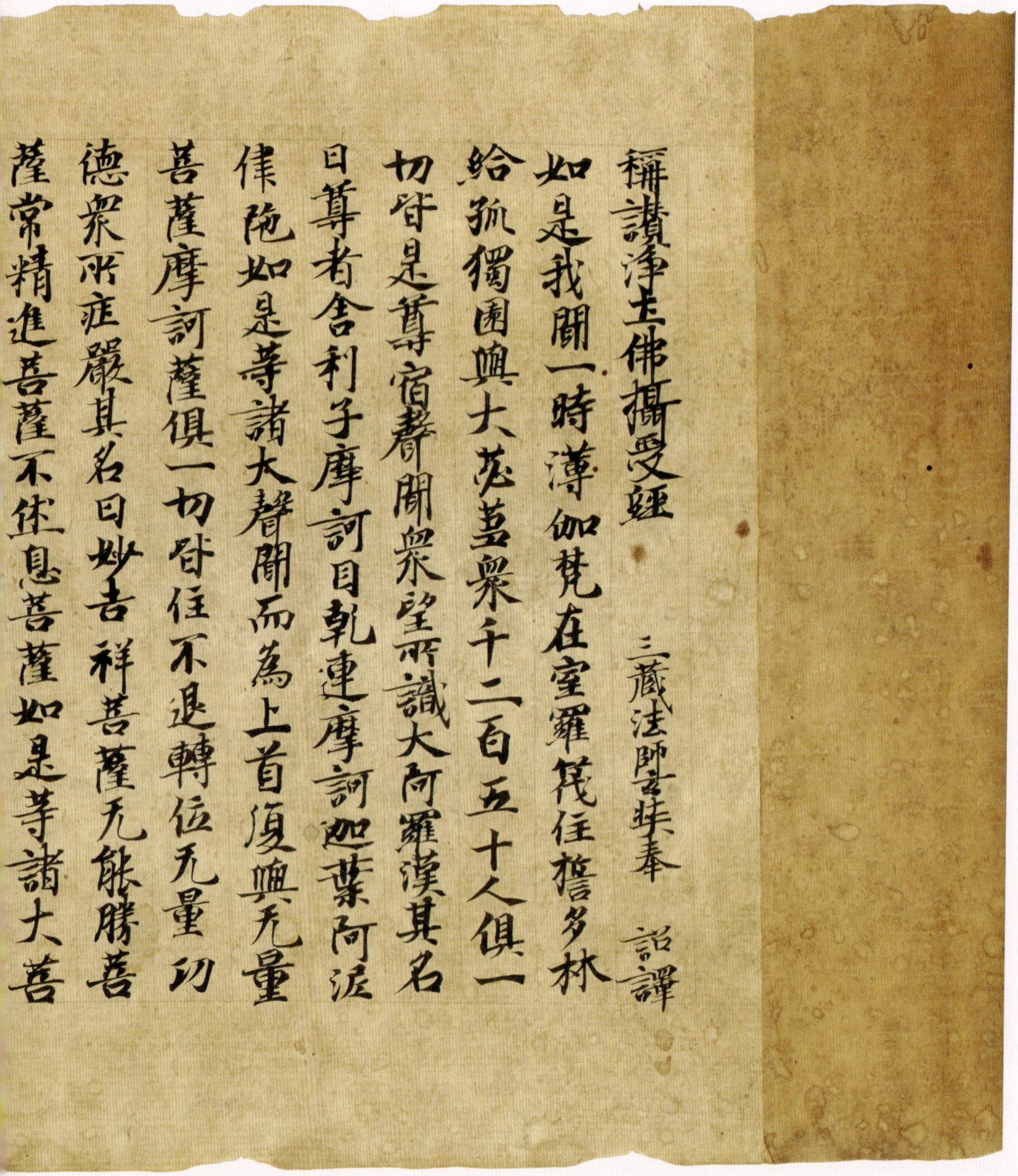

稱讚淨土佛攝受經
三藏法師玄奘奉　詔譯
如是我聞一時薄伽梵在室羅筏住誓多林
給孤獨園與大苾芻衆千二百五十人俱一
切皆是尊宿聲聞衆望所識大阿羅漢其名
曰尊者舍利子摩訶目乾連摩訶迦葉阿泥
律陀如是等諸大聲聞而為上首復與无量
菩薩摩訶薩俱一切皆住不退轉位无量功
德衆所莊嚴其名曰妙吉祥菩薩无能勝菩
薩常精進菩薩不休息菩薩如是等諸大菩

称讃浄土経（中将姫願経）當麻寺中之坊蔵

護世四王如是上首百千俱胝那庾多數諸
天子衆及餘世間无量天人阿素洛等為聞
法故俱來會坐
尒時世尊告舍利子汝今知不於是西方去
此世界過百千俱胝那庾多佛土有佛世界
名曰極樂其中世尊名无量壽及无量光如
來應正等覺十号圓滿今現在彼安隱住持
為諸有情宣說甚深微妙之法令得殊勝利
益安樂
又舍利子何因何緣彼佛世界名為極樂舍
利子由彼界中諸有情類无有一切身心憂
苦唯有无量清淨喜樂是故名為極樂世界
又舍利子極樂世界淨佛土中處處皆有七

「中将姫廿九才御真影《ちゅうじょうひめにじゅうきゅうさいごしんえい》」（鎌倉時代・奈良県有形文化財）/當麻寺中之坊蔵

経机《きょうつくえ》に『称讃浄土仏摂受経《しょうさんじょうどぶつしょうじゅきょう》』を広げ、胸の前で合掌し、静かに阿弥陀仏《あみだぶつ》を想う中将姫《ちゅうじょうひめ》の姿が気品高く描かれています。女性が単独で描かれる肖像画としてもわが国最古のものとみられている貴重な掛軸です。

まえがき

當麻寺《たいまでら》の中之坊《なかのぼう》に『称讃浄土仏摂受経《しょうさんじょうどぶっしょうじゅきょう》』という奈良時代の経典《きょうてん》が残っており、霊宝殿《れいほうでん》に納められています。このお経は、中将姫《ちゅうじょうひめ》という女性が、一千巻《いっせんかん》もお写経《しゃきょう》されたうちの一巻といわれていて、姫さまの願いが込められたお経ということで『中将姫願経《ちゅうじょうひめがんきょう》』とも呼ばれてきました。

姫さまの直筆《じきひつ》のお経は一年のうち一か月ほどしか公開されませんが、レプリカが通年公開されていますので是非ご覧いただきたいと思います。姫さまの凛《りん》とした文字には、気品とともに強い意志が感じられるような気がします。

當麻寺中之坊《たいまでらなかのぼう》では、この筆跡をそのままなぞる写経ができるようになっています。体験した人の話を聞くと、「なんだか姫さまの気持ちが伝わるような気がする」とか、「姫さまと対話をしているような感覚になる」などという声もすくなくなく、多くの人に喜んでいただいているようです。

そんな中から、「お経の内容を知りたい」というお声をたくさんいただきました。お経の前半には美しい極楽《ごくらく》のようすが詳細に書かれており、中将姫《ちゅうじょうひめ》はおそらく、その美しい極楽の姿を思い浮かべながら写経していたと思います。お経の内容を知った上で写経をしてみれば、姫の心をより感じてもらえるかもしれません。

中将姫《ちゅうじょうひめ》が体感した美しい極楽世界の境地にすこしでも近づけるように、『称讃浄土仏摂受経《しょうさんじょうどぶっしょうじゅきょう》』に説かれる世界を、中将姫《ちゅうじょうひめ》が書いた経巻《きょうかん》をもとに読み解いていきたいと思います。

當麻曼荼羅と『称讃浄土経』

當麻寺と中将姫

當麻寺《たいまでら》は飛鳥時代に創建《そうけん》された古刹《こさつ》です。

用明天皇《ようめいてんのう》の第三皇子である麻呂子親王《まろこしんのう》が兄である聖徳太子《しょうとくたいし》に寺院の建立を勧められ、萬法蔵院《まんぼうぞういん》というお寺を建てたのがはじまりで、麻呂子親王《まろこしんのう》の孫にあたる當麻国見《たいまのくにみ》が現在の場所（奈良県葛城《かつらぎ》市）に移して以来、當麻寺《たいまでら》と呼ばれています。

当時は弥勒菩薩《みろくぼさつ》を本尊《ほんぞん》としていましたが、奈良時代に中将姫《ちゅうじょうひめ》という女性があらわれて、「當麻曼荼羅《たいままんだら》」という大きな織物《おりもの》を織りあげて以来、この當麻曼荼羅《たいままんだら》が本尊として信仰されています。立体の仏像ではなく、織物が本尊とされるお寺は、全国でこの當麻寺《たいまでら》だけです。この織物がどれだけ人々に尊ばれたかということが窺《うかが》い知れると思います。

この中将姫《ちゅうじょうひめ》という女性は、さまざまな艱難辛苦《かんなんしんく》を乗り越えられたその生涯が、能楽や浄瑠璃、歌舞伎などで何度も演じられてきましたので、継母《ままはは》からの辛《つら》い仕打ちに耐えた悲劇のヒロインとしてご存じの方もすくなくないことでしょう。しかし、この中将姫《ちゅうじょうひめ》が千巻の写経を成満《じょうまん》したこと、そしてそのお経が実際に今も残っていることはあまり知られていないのではないでしょうか？

中将姫《ちゅうじょうひめ》は奈良時代の右大臣・藤原豊成《ふじわらのとよなり》の息女《むすめ》で、天平《てんぴょう》十九年（七四七）八月十八日に奈良の都に生まれました。中将姫《ちゅうじょうひめ》という名は、豊成《とよなり》が観音《かんのん》さまに祈願してその霊験《れいげん》により子を授かったことを聞いた帝《みかど》（聖武天皇《しょうむてんのう》）が、それは尊いことであると喜んで三位中将《さんみちゅうじょう》の位《くらい》を授けたことから呼ばれた名ですが、また別の伝えでは、姫八歳の時に帝（孝謙天皇《こうけんてんのう》）の前で披露《ひろう》した琴の演奏が素晴らしかったので三位中将の官位を授かったという話もあります。

姫さまはたいへん賢《かしこ》い子だったというだけでなく、観音《かんのん》さまから授かった子というだけあって、しばしば不思議なことがおこったそうです。四才の時には、庭先に真っ白な狐が突然あらわれたそうで、その狐は口に巻物を加えていて、その巻物を姫さまの前にポンと放り投げて姿を消したといいます。

この時の巻物が『称讃浄土仏摂受経《しょうさんじょうどぶっしょうじゅきょう》』で、のちに『中将姫願経《ちゅうじょうひめがんきょう》』として尊ばれることになるお経です。中之坊《なかのぼう》の霊宝殿《れいほうでん》に今も納められていて、レプリカが通年展示されており、本物も一年のうち一か月ほど特別公開されますので、その筆跡を実際に見ることができます。

『称讃浄土仏摂受経《しょうさんじょうどぶつしょうじゅきょう》』は略して『称讃浄土経《しょうさんじょうどきょう》』といいますので、本書でも以下『称讃浄土経《しょうさんじょうどきょう》』と記していきます。

『称讃浄土経《しょうさんじょうどきょう》』と出会った姫は、以来毎日欠かさずこの経典を読むようになり、ほどなくするとすぐに諳《そら》んじるようになったといわれています。

平穏に過ごしていた中将姫《ちゅうじょうひめ》でしたが、五才の時に最愛の母を亡くしてしまいます。姫は悲しみに暮れるばかりでしたので、しばらくして父・豊成《とよなり》は姫に新しい母親をと後妻を迎えることにしました。しかし、その継母は才色兼備《さいしょくけんび》な姫に嫉妬をするようになりました。継母の嫉妬はしだいにエスカレートし、ついには命を狙うようにまでなったということで、このあたりの話が中世以降に能楽や浄瑠璃、歌舞伎などでたびたび上演されることとなり、中将姫《ちゅうじょうひめ》の名は広く知られるようになりました。これが中将姫艱難辛苦《ちゅうじょうひめかんなんしんく》の物語として現代の人々にも広く知られているところです。

姫は何度も命を狙われましたが、そのたびに周囲の助けで一命をとりとめ続けました。十四才の時には父・豊成《とよなり》の留守の間に雲雀山《ひばりやま》という山に連れ出され、その山中で殺されそうになりましたが、この時、姫は抵抗することなく静かに目を閉じ、手を合わせ、『称讃浄土経《しょうさんじょうどきょう》』を唱えたといいます。その姿に暗殺を命じられた刺客《しかく》も刀を振り下ろすことができず姫を見逃し、姫はそのまま匿《かくま》われて、雲雀山《ひばりやま》の山中で読経三昧《どきょうざんまい》の隠棲《いんせい》生活を送ることとなりました。

その時の姫さまの境地を伝えたものとして、『中将姫山居語《ちゅうじょうひめさんきょのご》』というものが残されています。これは「男女の境界もないので愛欲の煩《わずら》いもない」からはじまり、「山の中で灯《ひ》をともす油もないが、自分の心の月を輝かせばよい」など、心のありようを説いた姫さまの尊い言葉がつづられており、これも中之坊霊宝殿《なかのぼうれいほうでん》に収蔵されています。

父・豊成《とよなり》は行方不明の姫は死んだものと諦《あきら》めていましたが、ある日たまたま狩りに出かけた山が雲雀山《ひばりやま》であり、奇跡的に父娘はそこで再会を果たすこととなりました。

晴れて都に戻ることができた姫は、その日以来『称讃浄土経《しょうさんじょうどきょう》』の写経をはじめることにしました。

毎日欠くことなく筆を執《と》り、経典を書き写し続け、その書きあげた巻数は一千巻に達したといわれています。その一千巻目の写経を成し遂げた十六才のある日、姫は太陽の沈みゆく西の空に神々《こうごう》しい光景を見たのでした。夕陽の中に阿弥陀仏《あみだぶつ》が浮かび上がり、夕空一面に極楽浄土の光景が広がったのです。それは『称讃浄土経《しょうさんじょうどきょう》』の中に説かれている景色でした。

その光景に心を奪われた姫は、あの夕陽の中に見た仏さまにお仕えしたいという一念で都を離れます。観音《かんのん》さまを念じながら姫はひたすら歩きました。そして、観音《かんのん》さまに手を引かれるようにたどり着いたのが、夕陽を象徴する山・二上山《ふたかみやま》の麓《ふもと》だったのです。

二上山は、現在は「にじょうざん」と呼ばれていますが、かつては「ふたかみやま」と呼ばれ、さらに古くは「天《あめ》のふたかみ」として尊ばれていました。フタコブラクダの背《せ》のようなふたつの頂《いただき》をもつ山で、古代の大和《やまと》の人々は二上山のふたつの峰の間に沈む夕日を見て手を合わせていたのです。

夕空に心を奪われた姫が、二上山の麓にたどり着くことになるのは必然だったのでしょう。そこに當麻寺《たいまでら》があったのです。

当時の當麻寺《たいまでら》は男僧の修行道場であり、女人禁制《にょにんきんせい》でした。姫は入山《にゅうざん》が許されませんでしたが、諦めることなく門前に立ったまま動かず、石の上で三日間一心に読経を続けたそうです。すると不思議にもその石には読経の功徳《くどく》で姫の足跡《あしあと》が刻まれました。その奇跡に心を打たれた当時の當麻寺《たいまでら》別当《べっとう》（住職《じゅうしょく》）実雅和尚《じつがおしょう》は、女人禁制を解いて姫を迎え入れることにしたのでした。この時の霊石《れいせき》は

「中将姫《ちゅうじょうひめ》誓いの石」として、現在、中将姫剃髪堂《ちゅうじょうひめていはつどう》の横に移されています。

翌年、中院《ちゅういん》にある小さなお堂で、髪を剃り落して尼《あま》となる剃髪《ていはつ》の儀が執り行われました。このお堂は中之坊《なかのぼう》に今も建っていて「中将姫剃髪堂《ちゅうじょうひめていはつどう》」と呼ばれています。

天平宝字《てんぴょうほうじ》七年（七六三）六月十五日、姫は「法如《ほうにょ》」という名を授かり尼僧《にそう》となりました。翌十六日、法如《ほうにょ》は前日に剃り落とした髪を糸にして、阿弥陀《あみだ》さま、観音《かんのん》さま、勢至《せいし》さまの梵字《ぼんじ》を刺繍《ししゅう》します。そして、あの日夕陽の中に見た阿弥陀仏《あみだぶつ》の姿、夕空に広がった浄土の姿を今一度拝ませてほしいと一心に願ったのでした。

その想いに仏さまがお応えになります。翌十七日、ひとりの老尼《ろうに》があらわれ「蓮《はす》の茎《くき》を集めよ」とお告げになりました。法如《ほうにょ》はその言葉にしたがい、父・豊成《とよなり》の協力を得て大和《やまと》のほか河内《かわち》や近江《おうみ》からも蓮の茎を取り寄せ、数日で百駄《だ》ほど（百頭ほどの馬に乗るくらい）の蓮茎《れんけい》（はすのくき）を集めました。すると老尼が再びあらわれ、集められた蓮茎を見て微笑《ほほえ》み、その蓮茎より繊維を採り出すようにいいました。老尼の言葉にしたがって蓮茎より繊維を採り出して糸にし、その糸を井戸で清めると、糸は不思議にも五色《ごしき》に染めあがったといいます。

そして二十二日の黄昏時《たそがれどき》、ひとりの若い女性があらわれ、五色に染まった糸を確認すると、法如《ほうにょ》を連れて千手堂《せんじゅどう》というお堂の中へ入りました。三時《みとき》の時間が過ぎた翌二十三日、法如《ほうにょ》の目の前には五色に輝く巨大な織物ができあがっていました。そこには、法如《ほうにょ》があの日の夕空に見た輝かしい浄土があらわされていたのです。これが今に残る「国宝・綴織當麻曼荼羅《つづれおりたいままんだら》」です。織物の中央には阿弥陀仏《あみだぶつ》、絢爛《けんらん》に飾られた木々や楼閣《ろうかく》、蓮の花の咲き誇る池、美しい声で囀《さえず》っているであろう鳥たち。空中には楽器が浮いていて、まるで心地よい音楽が聞こえてくるかのようでした。

まさに『称讃浄土経《しょうさんじょうどきょう》』に説かれる極楽世界の光景です。そして周囲には、『観無量寿経《かんむりょうじゅきょう》』に説かれているお釈迦《しゃか》さまの教えも描かれています。法如《ほうにょ》の願ったものがそこにありました。

曼荼羅の輝きに心を救われた法如《ほうにょ》は、人々にその教えを説き続けました。そして十二年ののち、二十九才の春、不思議にもその身のまま極楽浄土へ旅立たれたということです。當麻寺《たいまでら》や地元の人々のあいだでは、中将姫《ちゅうじょうひめ》は亡くなったのではなく、生きたまま仏さまの来迎をうけて、極楽世界に迎え入れられたと今も信じられています。

當麻曼荼羅と『称讃浄土経』

こうして中将姫《ちゅうじょうひめ》により織り上げられた當麻曼荼羅《たいままんだら》は四メートル四方の巨大な織物で、今も現存し国宝に指定されています。奈良時代のその織物は著《いちじる》しく褪色《たいしょく》していますが、古くから何度も描き写されながら大切に伝えられてきましたので、それら写本でその内容を知ることができます。

當麻寺《たいまでら》の本堂には室町時代の写本が、當麻寺中之坊《たいまでらなかのぼう》の写仏道場には平成写本が祀られていますので、ぜひ実際にご拝観ください。大きな画面には『称讃浄土経《しょうさんじょうどきょう》』に説かれる極楽世界の光景や、『観無量寿経《かんむりょうじゅきょう》』に説かれる「極楽世界を心に観《かん》じる教え」があらわされており、中将姫《ちゅうじょうひめ》が『称讃浄土《しょうさんじょうど》経《きょう》』と『観無量寿経《かんむりょうじゅきょう》』を、とても大切にしたということが當麻曼荼羅《たいままんだら》にあらわれています。

特に『称讃浄土経《しょうさんじょうどきょう》』は中将姫《ちゅうじょうひめ》が最も大切にしたという経典です。

當麻寺《たいまでら》の中にある最古の僧院で、中将姫《ちゅうじょうひめ》が尼僧となった修行道場でもある中之坊《なかのぼう》には、中将姫《ちゅうじょうひめ》の最古の肖像画が伝わっていますが（写真P8）、その絵の中でも姫の前にある机の上には『称讃《しょうさん》浄土経《じょうどきょう》』が広げられています。肖像画に描かれるほど中将姫《ちゅうじょうひめ》とかかわりの深い経典ですから、當麻寺中之坊《たいまでらなかのぼう》に残る『称讃浄土経《しょうさんじょうどきょう》』は、中将姫《ちゅうじょうひめ》の願いが込められた直筆のお経ということで『中将姫願経《ちゅうじょうひめがんきょう》』と呼ばれ、大切に伝えられてきたのです。

経巻の体裁

では、奈良時代に中将姫《ちゅうじょうひめ》が実際に書いたという『称讃浄土経《しょうさんじょうどきょう》』を見ていきましょう。中之坊《なかのぼう》に伝わる『称讃浄土経《しょうさんじょうどきょう》』は黄麻紙《おうまし》に書かれており、縦二十七センチ、広げると長さ五メートル三十センチにもなる巻物です。一行は十七字、行数は二百五十八行で、巻末に「法如《ほうにょ》」という中将姫《ちゅうじょうひめ》の法名が署名されています。

一般的によく読誦《どくじゅ》され、おそらく最も多くの人に写経されているお経は『般若心経《はんにゃしんぎょう》』だろうと思いますが、『般若心経《はんにゃしんぎょう》』は十七字×十七行です。慣れた方であれば一時間ほどで、慣れていない方でも二時間程度で写経できるサイズだと思います。『称讃浄土経《しょうさんじょうどきょう》』はその約十五倍の量がありますので、般若心経《はんにゃしんぎょう》のように簡単に写経することはできません。ですので、中之坊《なかのぼう》ではお経を約十七行ずつに十五分割して写経してもらっています。そうすると一回一〜二時間の写経となりますので、心を落ち着けて自分を見つめ直す時間としては、ちょうどよいものになると思います。

そしてまた日を改めて続きを書き写し、十五回の回数を重ねると一巻の『称讃浄土経《しょうさんじょうどきょう》』の写経が完成するというわけです。

つまり十五回お寺に通わないと一巻のお経が完成しないということになります。しかも中之坊《なかのぼう》で用意している写経用紙は書きやすいように活字に直したりしておらず、奈良時代に中将姫《ちゅうじょうひめ》が書いた文字を、そのままなぞるようになっていますので、個性的な書き癖や判別しにくいところ、現在は使われていない字体も多数あり、決して書きやすいものではありません。

それにもかかわらず、これまでに多くの人がこの経典の写経に挑戦し、かなりの方が全十五回の完成を達成しています。むしろ書きにくさや奈良時代の中将姫《ちゅうじょうひめ》さまの文字そのままだからこそ感じ取れるものを愉《たの》しめているのかもしれません。さらに二巡、三巡とお写経を続けていく方も意外にすくなくありません。

定期的にお寺に通い、静かに筆を執る時間をもつことで、日常生活によいリズムが生じているのではないかとも思います。

本書を手に取られたみなさんもぜひこの写経に挑戦してほしいと思います。

背表紙

まず巻物の背表紙を見てみましょう。

『稱讃浄圡経』（称讃浄土経《しょうさんじょうどきょう》）と書かれています。

『称讃浄土経』は「称讃浄土仏摂受経《しょうさんじょうどぶつしょうじゅきょう》」の略称で、背表紙は見出しですから略称の方が用いられています。中将姫《ちゅうじょうひめ》さまの厳然《げんぜん》とした風格ある文字です。

一文字目から現在は使われていない文字「稱《しょう》」の字が出てまいります。「圡《ど》」には土に点が入っており、現在も苗字など見かけることのある字ですが、一般にはもう使われていない文字です。それに対し「淨《じょう》」の文字は、現在われわれが使用している文字と同じです。以前は私も単純に旧字は「淨」で新字は「浄」だと思っていたのですがそれは間違いで、「浄」の字も奈良時代から使われていたということがわかります。「經《きょう》」の字も「経」の異体字ですが、旧字体としてよく知られている「經」の字よりもむしろ「経」に近いようにも思えます。「經」の字などは特に、奈良時代の経典には好んで用いられた文字で、「写経体」という呼び方をされたりもしています。

では巻物を広げていきましょう。

経題

稱讃浄土佛攝受経　三蔵法師玄奘奉詔譯

一行目はタイトル「称讃浄土仏摂受経《しょうさんじょうどぶつしょうじゅきょう》」。浄土を称讃《しょうさん》つまり褒《ほ》め称《たた》えるお経。そして仏さまの摂受《しょうじゅ》を説いたお経であるということです。摂受とは何かについては経典を読み進めながらのちに説明していきます。（写真P６・７）

背表紙は見出しとして略称を用いていましたが、こちらでは正式な名称が書かれています。「三蔵法師玄奘奉詔訳《さんぞうほうしげんじょうぶじょうやく》」は、経蔵・律蔵・論蔵の三蔵に精通した三蔵法師である玄奘《げんじょう》が翻訳《ほんやく》した、ということを記しています。中将姫《ちゅうじょうひめ》は「三蔵法師玄奘《さんぞうほうしげんじょう》奉　詔譯」と表記していますが、経巻によっては「大唐三蔵法師玄奘《だいとうさんぞうほうしげんじょう》」や「唐三蔵法師玄奘《とうさんぞうほうしげんじょう》」と書かれたものも残っています。

お経はもともと古代インドの言葉であるサンスクリット語やパーリ語で書かれており、それを中国や日本の人々がわかるように、またお唱えできるように漢語で訳したものを漢訳《かんやく》経典といいます。

古代インド語の経典（梵《ぼん》本）を翻訳した僧の中で、二大訳聖《やくせい》といわれるふたりの翻訳家がいます。鳩摩羅什《くまらじゅう》と玄奘三蔵《げんじょうさんぞう》です。

鳩摩羅什《くまらじゅう》は、西暦三百年代中頃から四百年代のはじめまで活躍した中国西域《さいいき》の亀茲《きじ》国の僧です。「クマーラジーヴァ」という名前で、これを漢字にあてはめたのが「鳩摩羅什《くまらじゅう》」です。このように漢字の意味は無視して、音の似た漢字をあてはめて訳す翻訳の仕方を音写《おんしゃ》といいます。「鳩摩羅什《くまらじゅう》」は通常「羅什《らじゅう》」と略すことが多いので、本書でも以下「羅什《らじゅう》」と記します。羅什《らじゅう》は多くの経典を漢訳した高僧として知られましたが、羅什《らじゅう》の時代の中国は漢《かん》が滅んで国が分裂し次に隋《ずい》が統一するまでの五胡《こ》十六国時代という動乱の時期でありましたので、羅什《らじゅう》も数々の王朝の交替に翻弄され、捕虜となったり、国賓として迎えられたり、波乱の人生を歩んだようです。そんな大変な時代の中でも羅什《らじゅう》は多くの経典を漢訳し、その功績は中国仏教の礎《いしずえ》を築いたとされています。

玄奘三蔵《げんじょうさんぞう》は西暦六百年代に活躍した唐の僧で、天竺《てんじく》（インド）を目指して西域を旅し、多くの経典や仏像を中国に伝えました。その旅の道中を記録した『大唐西域記《だいとうさいいきき》』は、小説『西遊記《さいゆうき》』のもととなり、そこに登場する三蔵法師《さんぞうほうし》は、玄奘《げんじょう》がモデルであることは広く知られています。

玄奘《げんじょう》は可能な限り原本の意味が伝わるように丁寧に言葉をつくした実直な翻訳を行っております。羅什《らじゅう》と玄奘《げんじょう》以外にも翻訳家はたくさんいますが、玄奘《げんじょう》以降の訳を新訳《しんやく》といい、羅什《らじゅう》を代表とする旧来の翻訳を旧訳《くやく》として区別されていて、それほど玄奘《げんじょう》以前と以降で漢訳に大きな違いが生まれたということでもあります。

今回紹介する『称讃浄土経《しょうさんじょうどきょう》』は、二大訳聖のひとりであり、「新訳」と呼ばれるほど翻訳の仕方に革命を起こした玄奘三蔵《げんじょうさんぞう》が訳したものであることが、経題の次に記されているのです。

「奉詔訳《ぶじょうやく》」とは〝詔《みことのり》を奉《ほう》じて訳しました〟ということで、当時の太宗皇帝《たいそうこうてい》の名のもとに国家事業として翻訳が行われたということがわかります。小説『西遊記《さいゆうき》』では三蔵法師《さんぞうほうし》は勅命《ちょくめい》をいただいて唐を出発していますが、実際の玄奘《げんじょう》は国禁《こっきん》を犯して唐を出立《しゅったつ》しています。当時の唐は隋から変わって国を興《おこ》したばかりでまだ情勢が不安定であったために、玄奘《げんじょう》の旅は危険だと判断して国は許可を出さなかったのです。しかし玄奘《げんじょう》は国の許可を得ないままひそかに国を出て命がけの旅を続けたのでした。なんと高い志であったことでしょう。玄奘《げんじょう》は苦難の旅の末に、天竺にたどり着いて本場の仏教を習得し、多くの仏典を携《たずさ》えて、密出国の年から十六年後に唐に帰りました。

太宗皇帝《たいそうこうてい》は玄奘《げんじょう》の功績を大いに讃《たた》え、国禁を犯して出国したことを咎《とが》めることもなく、玄奘《げんじょう》の翻訳事業を支援したのでした。

玄奘《げんじょう》の翻訳より二〜三百年前に、羅什《らじゅう》も同じお経をすでに訳しており、『阿弥陀経《あみだきょう》』という経典名でわが国でも広く読まれています。羅什《らじゅう》の訳は、正確な訳であることはもちろんですが、お釈迦《しゃか》さまの説かれたニュアンスがより伝わりやすいように、語感なども重視して訳されたように感じます。

本書では、所々で羅什《らじゅう》の訳も紹介しながら読み進めていきますので、玄奘《げんじょう》と羅什《らじゅう》という二大訳聖の翻訳の違いも味わっていただければと思います。

説法のはじまり　その場所と聴衆

如是我聞一時

かくのごとく我《われ》は聞いた、ある時、

お経はたいてい「如是我聞一時《にょぜがもんいちじ》」ではじまります。「私はこのように聞きました、ある時……」という意味です。

お釈迦《しゃか》さまは生涯をかけてさまざまな教えを説いてこられましたが、お釈迦《しゃか》さま自身が経典を書き残すことはありませんでした。お釈迦《しゃか》さまの死後、その教えを受け継いだ弟子や孫弟子たちがそれぞれに「私はお釈迦《しゃか》さまにこのように聞きました」といって、お釈迦《しゃか》さまから教わったことを話し合い、それを書き留めたものが経典です。したがって、ほとんどの経典のはじまりは「私はこのように聞いた、ある時」となっています。

薄伽梵在室羅筏住誓多林給孤獨園

薄伽梵《ばがぼん》は、室羅筏《しらば》に在《あ》り、誓多林給孤独園《ぜいたりんきっこどくおん》に住《じゅう》し、

「薄伽梵《ばがぼん》」とは、最も尊い人というような最上の尊称で、「世尊《せそん》」とも訳し、ここではお釈迦《しゃか》さまを指します。経典はまず、お釈迦《しゃか》さまが「どこで」「誰に」教えを説いたかという状況説明からはじまります。お釈迦《しゃか》さまが多くの聴衆に向かって説法をするようすを想像しながら読みすすめていきましょう。

場所は、コーサラ国の首都シュラーヴァスティー（室羅筏《しらば》）。コーサラ国は古代の北インドにいくつかあった王朝のひとつで、その首都シュラーヴァスティーはよく栄えていたといいます。

そこにコーサラ国の王子ジェータ（誓多）が所有していた樹林があり、お釈迦《しゃか》さまを信奉していたスダッタという長者がジェータ王子の許しを得てその場所に寺院を建てました。スダッタ長者は身寄りのない人々に施していた人徳の人であり、「孤独な人たちに食を給する長者」という意味で、「給孤独長者《きっこどくちょうじゃ》」と呼ばれました。そこでその寺院の場所が「誓多林給孤独園《ぜいたりんきっこどくおん》」と表現されています。

羅什《らじゅう》はジェータ王子を祇陀太子《ぎだたいし》と訳しており、「誓多《ぜいた》の林」は「祇陀《ぎだ》の樹」、「誓多林給孤独園《ぜいたりんきっこどくおん》」は

「祇樹給孤独園《ぎじゅきっこどくおん》」と訳しています。この「祇樹給孤独園《ぎじゅきっこどくおん》」を略した言葉が「祇園《ぎおん》」で、そこに建てたお寺が平家物語で有名な「祇園精舎《ぎおんしょうじゃ》」というわけです。ちなみにこの祇園精舎の建立にはおよそ次のような話が伝わっています。

給孤独長者《きっこどくちょうじゃ》ことスダッタ長者がジェータ王子に土地を請《こ》うた際、王子は土地を譲りたくなかったので「必要な土地を金貨で敷き詰めたらその分の土地を譲ってやろう」と戯れをいいながら断りました。しかしスダッタは全財産を投じる覚悟でほんとうに金貨を敷きはじめたので、王子が驚いてわけを尋ねたところ、ブッダに説法してもらうための寺院を建立するのだということがわかり、王子がその土地を譲ることになって祇園精舎が建てられたといわれています。

與大苾芻衆千二百五十人倶一切皆是尊宿聲聞衆望
所識大阿羅漢其名曰尊者舍利子摩訶目乾連摩訶迦
葉阿泥律陀如是等諸大聲聞而為上首

大苾芻衆《びっすしゅう》　千二百五十人ともにあった
一切《いっさい》みなこれ尊宿《そんしゅく》の声聞《しょうもん》であって衆《しゅう》の望《のぞ》み識《し》るところの大阿羅漢《あらかん》である
その名を尊者舎利子《そんじゃしゃりし》、摩訶目乾連《まかもっけんれん》、摩訶迦葉《まかかしょう》、阿泥律陀《あないりつだ》といった

かくのごときらのもろもろの大声聞《しょうもん》、しかも上首《じょうしゅ》である

次に、お釈迦《しゃか》さまが祇園精舎で誰に教えを説いたかが記されます。ここからお釈迦《しゃか》さまの説法に集まった人たちが列記されていきます。

まずは「大苾芻衆《だいびっすしゅう》」。

「苾芻《びっす》」というのは戒律を授かった僧侶のことで、つまりお釈迦《しゃか》さまの直接の弟子たちです。それぞれがみんな優れた声聞《しょうもん》（お釈迦《しゃか》さまの傍で説法の声を直《じか》に聞きながら修行する僧侶）であり、そんなすぐれたお坊さんたちだけで千二百五十人もいたとのことです。そして、このお坊さんたちの中の代表として四名の弟子の名前が挙げられています。

まずは「舎利子《しゃりし》」。

「シャーリプトラ」という名の音写です。舎利子《しゃりし》はお釈迦《しゃか》さまの教団の長老で「智慧《ちえ》第一」といわれました。釈迦十大弟子《しゃかじゅうだいでし》の筆頭というべき弟子で、この『称讃浄土経《しょうさんじょうどきょう》』のほか『般若心経《はんにゃしんぎょう》』など、多くの経典でお釈迦《しゃか》さまや観音《かんのん》さまの説法を聴聞《ちょうもん》に集まった聴衆たちの代表として登場します。

次に「摩訶目乾連《まかもっけんれん》」。「マハー・モッガッラーナ」の音写です。「目犍連」と書かれることが多いですが、中将姫《ちゅうじょうひめ》は「目乹（乾）連」と表記しています。「目連《もくれん》尊者《そんじゃ》」という名の方が広く知られているでしょう。「神通《じんつう》第一」といわれ、母が餓鬼道《がきどう》に堕ちて苦しんでいる姿をその神通力《じんつうりき》で発見し、お釈迦《しゃか》さまに相談したことからはじまったのがお盆《ぼん》の供養やお盆のあとの施餓鬼《せがき》供養であるとされています。

「摩訶迦葉《まかかしょう》」は「マハー・カッサパ」の音写で、最も清貧な生活を心がけたということで「頭陀《ずだ》第一」といわれます。舎利子《しゃりし》、目連《もくれん》のふたりはお釈迦《しゃか》さまより先に亡くなられたので、仏教教団はこの迦葉《かしょう》が後継となり、お釈迦《しゃか》さまの教えを後世に伝え残すため、座長となって経典編纂《へんさん》を行いました。摩訶目乾連《まかもっけんれん》・摩訶迦葉《まかかしょう》の「摩訶《まか》」というのは、「大いなる」「偉大なる」という尊称です。

「阿泥律陀《あないりつだ》」は「アニルッダ」の音写で、「天眼《てんげん》第一」といわれる十大弟子のひとり。お釈迦《しゃか》さまの説法で居眠りをしてしまったことを恥じて二度と眠らない誓いを立てたそうで、そのせいで視力を失うも、むしろそれにより天眼《てんげん》（智慧《ちえ》の目）が開いて真理を見通すことができるようになったそうです。

お釈迦《しゃか》さまの十大弟子にはほかに、須菩提《しゅぼだい》（解空《げくう》第一）、迦旃延《かせんえん》（論義《ろんぎ》第一）、優婆離《うばり》（持律《じりつ》第一）、羅睺羅《らごら》（密行《みつぎょう》第一）、阿難《あなん》（多聞《たもん》第一）、富楼那《ふるな》（説法《せっぽう》第一）という六人がいますが、『称讃浄土経《しょうさんじょうどきょう》』では名が挙げられていません。

復與无量菩薩摩訶薩倶一切皆住不退轉位无量功徳
衆所荘嚴其名曰妙吉祥菩薩无能勝菩薩常精進菩薩
不休息菩薩如是等諸大菩薩而為上首

また無量の菩薩摩訶薩《ぼさつまかさつ》とともにあった
一切みな不退転《ふたいてん》の位《くらい》に住《じゅう》して無量の功徳衆《くどくしゅう》に荘厳《しょうごん》されている
その名を妙吉祥菩薩《みょうきっしょうぼさつ》、無能勝菩薩《むのうしょうぼさつ》、常精進菩薩《じょうしょうじんぼさつ》、不休息菩薩《ふくそくぼさつ》といった
かくのごときらのもろもろの大菩薩《だいぼさつ》、しかも上首《じょうしゅ》である

「苾芻《びっす》」の次に紹介されるのは「菩薩摩訶薩《ぼさつまかさつ》」、つまり菩薩《ぼさつ》さまです。

菩薩《ぼさつ》というのはお釈迦《しゃか》さまの直接の弟子のように出家《しゅっけ》するのではなく、俗世間《ぞくせけん》にありながら修行《しゅぎょう》をする方です。さきほどの十大弟子はお釈迦《しゃか》さまと同じように粗末な袈裟《けさ》をまとった姿ですが、菩薩《ぼさつ》は出家していないので、仏像や仏画ではきれいな衣や飾りをつけた姿であらわされます。

彼らは出家しないで修行しているけれども、みな不退転《ふたいてん》、つまりもう迷いの世界に戻ることがない、高みに達した方々であると説かれています。その代表としてここでは四人の菩薩《ぼさつ》の名が挙げられています。

「妙吉祥菩薩《みょうきっしょうぼさつ》」とは「文殊菩薩《もんじゅぼさつ》さま」のことで、「智慧《ちえ》」を象徴する菩薩《ぼさつ》さまです。

「無能勝菩薩《むのうしょうぼさつ》」とは「弥勒菩薩《みろくぼさつ》さま」のことで、「禅定《ぜんじょう》（心鎮《こころしず》めの行《ぎょう》）」を象徴する菩薩《ぼさつ》さまです。

「常精進菩薩《じょうしょうじんぼさつ》」は常に精進《しょうじん》を怠《おこた》らず、「不休息菩薩《ふくそくぼさつ》」は休息することなく衆生《しゅじょう》を救うという名の菩薩《ぼさつ》さまです。

菩薩《ぼさつ》とは仏を目指して修行している方であるけれども、ここで紹介された文殊菩薩《もんじゅぼさつ》さまや弥勒菩薩《みろくぼさつ》さま、あるいはお寺でお祀りされることの多い観音菩薩《かんのんぼさつ》さまや地蔵菩薩《じぞうぼさつ》といった方々は、すでに仏の境地に到達しているにもかかわらず衆生《しゅじょう》を救うために俗世間にとどまっているとされています。そのため、仏像や仏画などを見ると、観音《かんのん》さまや文殊さまの額には「白毫《びゃくごう》」という白く丸いしるしがあらわれています。これは仏さまの額から白く長い毛が伸びていてそれが丸まっているのですが、仏さまはそこから光を放って私たちを照らしてくださるのです。白毫《びゃくごう》は「如来《にょらい》の三十二相《さんじゅうにそう》」といって仏さまが具《そな》えている三十二種類の身体的特徴のひとつですので、本来は釈迦如来《しゃかにょらい》や阿弥陀如来《あみだにょらい》といった「○○如来《にょらい》」と呼ばれる仏さまの特徴なのですが、文殊菩薩《もんじゅぼさつ》や観音菩薩《かんのんぼさつ》などはすでに如来《にょらい》と同じ悟《さと》りに達しているという意味でおでこに白毫《びゃくごう》を有しているのです。

こうしたすぐれた菩薩《ぼさつ》たちもお釈迦《しゃか》さまの説法を聴くためにたくさん集まっています。

復有帝釋大梵天王堪忍界主護世四王如是上首百千倶胝那庾多數

また帝釈《たいしゃく》、大梵天王《だいぼんてんおう》といった堪忍界《かんにんかい》の主《しゅ》、護世四王《ごぜしおう》、かくのごときの上首《じょうしゅ》、百千倶胝那庾《ひゃくせんくていなゆ》多数《たすう》あった

ほかに、堪忍世界《かんにんせかい》（この娑婆《しゃば》世界）の主である「帝釈天《たいしゃくてん》」や「梵天《ぼんてん》」、あるいは「四天王《してんのう》」といった神さまたちも一緒にいます。その数は、百千倶胝那庾多数《ひゃくせんくていなゆたすう》にのぼると説かれています。「百千倶胝那庾多《ひゃくせんくていなゆた》」という数について、正確な数の解釈は難しいのですが、まず、倶胝《くてい》は一千万ですので、百千倶胝《ひゃくせんくてい》は百と千と一千万をかけて一万億（一兆）ということになります。那庾多《なゆた》

（那由他《なゆた》）は現在も数の単位になっており、一〇の六〇乗といわれていますが、ここでは数の単位というよりも大きな数の誇張表現《こちょうひょうげん》という意味ととらえればよいと思いますので、百千倶胝那庾多数《ひゃくせんくていなゆたすう》とは、ざっと一万億（一兆）以上の神々というイメージでよいかと思います。

「〇〇天《てん》」というのは、異教《いきょう》（仏教以外の宗教）の神さまであったのが、のちに仏教に帰依《きえ》し、「護法神《ごほうしん》（仏教の守《まも》り神《がみ》）」となったものです。

仏さまと神さまの違いは何かというと、仏さまは修行の末に煩悩を克服し悟りを開いて正しい智慧《ちえ》を獲得した存在であり、神さまは人を超越した力を有した存在であります。ですので、〇〇天《てん》といった神さまは御力《おちから》が強いですが悟りに至っているわけではないので、正しい方向に神力《しんりき》を発揮してくださるとは限りません。そのため真言密教《しんごんみっきょう》の行者が〇〇天《てん》に祈るときには必ずその力を正しく教導する仏菩薩《ぶつぼさつ》をともに祈念《きねん》しなければなりません。例えば、歓喜天《かんぎてん》さまを拝む場合には必ず十一面観音《じゅういちめんかんのん》さまにも祈念しなければならないとされています。

諸天子衆及餘世間无量天人阿素洛等為聞法故倶来會坐

もろもろの天子衆《てんししゅう》および余《よ》の世間無量《せけんむりょう》の天《てん》・人《じん》・阿素洛《あそら》など法《おしえ》を聞くためにともに来会《らいえ》して坐《ざ》

していた

こうしたすぐれた力をもった神さまが集まったほか、無量の天・人・阿素洛《あそら》が集まりました。無量とは量が計り知れないほど大きいことです。「阿素洛《あそら》」というのは阿修羅《あしゅら》と同じで、天・人・阿素洛《あそら》とは、仏教で生きとし生けるものが輪廻するという、六つの世界「六道《ろくどう》」のうち、地獄道《じごくどう》・餓鬼道《がきどう》・畜生道《ちくしょうどう》の三悪道を除いた、天道、人間道、修羅道《しゅらどう》に生きる衆生《しゅじょう》のことです。

天、つまり「天道の住人」とは、前世で大きな徳を積んだものが昇れる天界であり、その中で大きな能力をもっているものが○○天《てん》としてお祀りされるような神さまということになります。

人、つまり「人間道の住人」とは私たち人間のことです。

「阿素洛《あそら》」、つまり「修羅道の住人」は、前世でたくさんのよい行いをして善業を積んだけれども悪業もすくなからず積んでしまった者たちで、天と同じように強い力をもっていますが執着が強いとされています。帝釈天《たいしゃくてん》と戦い続けたことで知られる阿修羅《あしゅら》は強い力をもっていますので、仏法を守る神さまとして祀られるようになりましたが、帝釈天《たいしゃくてん》との戦いでは正義心が強過ぎて相手を許す心を失い、争いを続け過ぎたといわれています。お互いが正義を掲げて争いを続ける戦争の愚かさを説いたエピソードといえるでしょう。

これら三つの世界（三道）から、数多くの聴衆が集まってきました。

祇園精舎に、たくさんの僧侶、たくさんの菩薩《ぼさつ》、たくさんの護法神など、天道、人間道、修羅道の衆生《しゅじょう》たちが、お釈迦《しゃか》さまの教えを聴くために数えきれないほど集まって座っているようすがここに説かれているわけです。

コラム壱

中将姫《ちゅうじょうひめ》は『称讃浄土経《しょうさんじょうどきょう》』を一千巻写経したと伝えられていますが、いったいどのくらいのスピードで写経したのでしょうか。伝承では、一年あるいは三年というものがあります。三年で千巻であれば、だいたい一日に一巻のペース、一年で千巻ともなると一日三巻も書いたことになりますが、それはさすがに無理なのではないでしょうか。

現在、當麻寺中之坊《たいまでらなかのぼう》でお写経をする人のペースは、だいたい十七字×十七行のお写経で一時間半ほどが平均ではないかと思います。『称讃浄土経《しょうさんじょうどきょう》』のお写経は、基本的に一回の来寺で一枚を書き十五回通って一巻が完成ということになりますが、なかには一日に二枚、三枚と書く人もあります。これまでに一日五枚写経して三日で完成された方がありましたが、通常はなかなかできるものではありません。

奈良時代の官立の写経所ではどうだったかを古文書の記録などから推測してみると、どうやら十七字×十七行のお写経で、一日にだいたい七枚くらいの書写が平均のようです。『称讃浄土経《しょうさんじょうどきょう》』一巻でいえば、だいたい半分の量ということになります。

写経所の写経生たちは就業時間内はずっと写経していたわけですが、中将姫《ちゅうじょうひめ》は仕事で書いていたわけではないのでそれより速いとは考えにくいですが、朝から晩まで筆を執り続けたと仮定すれば、一日に一巻という伝承であれば全くあり得ない話ではないかもしれません。一日に三巻という伝承はちょっと普通では信じられないことですが、観音《かんのん》さまの力を借りて曼荼羅を織りあげた方ですからこんなことを世間の常識で判断すべきではないのでしょう。

あくまでもお写経は速度を競うものではありませんので、時間を気にせずゆったりした気持ちで、むしろゆっくりと時間をかけて書いていきたいものです。

ところで、この奈良時代の写経所の平均が一日七枚程度であるということを考えると、「なるほど」と腑に落ちることがありますので、それはのちほど紹介したいと思います。

尒時世尊告舎利子汝今知不於是西方去此世界過
百千倶胝那庾多佛土有佛世界名曰極樂其中世尊名
无量壽及无量光如来應正等覚十号円満今現在彼安
隠住持為諸有情宣説甚深微妙之法令得殊勝利益安
樂

その時世尊《せそん》は舎利子《しゃりし》に告《つ》げた
なんじいま知るやいなや、これより西方《さいほう》にこの世界を去ること百千倶胝那庾多《ひゃくせんくていなゆた》の仏土《ぶつど》を過ぎて
仏世界《ぶつせかい》があり名《な》づけて極楽という
その中の世尊《せそん》を無量寿《むりょうじゅ》および無量光如来《むりょうこうにょらい》・応《おう》・正等覚《しょうとうがく》と名づく
十号円満《じゅうごうえんまん》していま現《げん》にかしこに在《あ》って安隠《あんのん》に住持《じゅうじ》しもろもろの有情《うじょう》のために甚深微妙《じんじんみみょう》の法《おしえ》を
宣説《せんぜつ》して、殊勝《しゅしょう》の利益安楽《りやくあんらく》を得《え》させている

さてここからお釈迦《しゃか》さまの説法がはじまります。

お釈迦《しゃか》さまは数えきれきれないほどの聴衆を前にし、彼らの代表としてシャーリプトラに向かって告げます。「あなたは知っているか？　ここより西のはるか彼方《かなた》に仏の世界があり極楽という。そ

の世界の仏は無量寿如来《むりょうじゅにょらい》あるいは無量光如来《むりょうこうにょらい》といい、その世界でもろもろの有情《うじょう》のために仏法を説いて利益安楽《りやくあんらく》を与えているのだ」と。

百千倶胝那庾多《ひゃくせんくていなゆた》は先ほどと同じで、一万億もの世界のその先に極楽世界があると。羅什《らじゅう》は十万億土と訳していて「十万億土に旅立った」といういい方も広く知られています。

ひとつの世界（仏土）というのは、ひとりの仏さまが教えを説く世界ということです。それぞれの世界の大きさというのは判然としませんので、仏さまの慈悲や光明が届く範囲をみなさんそれぞれでイメージしてもらったらよいと思います。

ここではとにかく〝はるか遠くに〟極楽世界があるということを表現しているわけです。

そして、その極楽世界で教えを説いている仏さまの名は、「無量寿如来《むりょうじゅにょらい》」あるいは「無量光如来《むりょうこうにょらい》」であると説かれています。

「無量寿如来《むりょうじゅにょらい》」は「アミターユス」、「無量光如来《むりょうこうにょらい》」は「アミターバ」の訳で、無限の光と寿を有した仏さまというお名前です。ふたりの仏の名前を挙げているのではなく、ひとりの仏さまに二通りのお名前があるということです。

玄奘《げんじょう》はこのように意味で訳して、「無量寿如来《むりょうじゅにょらい》」「無量光如来《むりょうこうにょらい》」としましたが、羅什《らじゅう》は音を重《おも》んじ「阿弥陀仏《あみだぶつ》」と音写で訳しました。わが国でも「阿弥陀仏《あみだぶつ》」あるいは「阿弥陀如来《あみだにょらい》」という名前の方がおなじみです。「阿弥陀如来《あみだにょらい》」の「アミダ」とは無量という意味で、光と寿が〝無量〟であることをあらわしているわけです。

如来《にょらい》の「如」は真理を指していて、真理に到達したものという尊称です。

仏さまの尊号《そんごう》にはこの「如来」だけでなく、「応供《おうぐ》」「正等覚《しょうとうがく》」など十通りの呼び方があり、「十号円満《じゅうごうえんまん》」とはそれら十通りの尊称に相応《ふさわ》しい徳を兼ね備えているという意味です。「応供《おうぐ》」は供養されるに相応《ふさわ》しい存在、「正等覚《しょうとうがく》」は正しく間違いのない覚《さと》りに至った存在ということです。

十号《じゅうごう》にはこの「如来《にょらい》」「応供《おうぐ》」「正等覚《しょうとうがく》」のほかに七つありますが、それらについては経典の最後にお釈迦《しゃか》さまの尊号として出てきますので、その時に改めて述べます。

ほとんどのお経は、シャーリプトラなどの弟子がお釈迦《しゃか》さまに問いかけをして、それにお釈迦《しゃか》さまがお答えになるというはじまりになっていますが、『称讃浄土経《しょうさんじょうどきょう》』ではお釈迦《しゃか》さまは問わず語りで説法をはじめる珍しいかたちになっており、そのような構成の経典を「自説経《じせつきょう》（ウダーナ）」ともいいます。お釈迦《しゃか》さまが自ら切り出したのだから、それだけ大切な教えなのだと解釈する人もあるようですが、けっしてお経の優劣をあらわすものではないので、その解釈はよろしくありません。

「有情《うじょう》」とは心のある存在ということで、いわゆる「無機物《むきぶつ》」と区別して、「命ある者」、「生《い》きとし生《い》けるもの」、というような意味です。
有情《うじょう》とはどこまでなのか、樹木などが「有情《うじょう》」にあたるのかは昔から議論があったようですが、「一切衆生悉有仏性《いっさいしゅじょうしつうぶっしょう》（生きとし生けるものはみな仏となる性質を備えている）」という教えを、「山川国土皆悉成仏《さんせんこくどかいしつじょうぶつ》（ありとあらゆるものはみな仏となることができる）」と解釈を広げていったのがわれわれ日本人で、そこが日本人らしいところであると思います。

又舍利子何因何縁彼佛世界名為極樂舍利子由彼界
中諸有情類无有一切身心憂苦唯有无量清浄喜樂是
故名為極樂世界

また舎利子《しゃりし》よ、何の因と何の縁によってかの仏世界を名づけて極楽とするのか
舎利子《しゃりし》よ、かの界の中のもろもろの有情《うじょう》の類《たぐい》は一切の身心の憂苦《ゆうく》あることなくただ無量の清浄《しょうじょう》
なる喜楽のみあるによってである　このゆえに名づけて極楽世界となすのである

お釈迦《しゃか》さまは何度もシャーリプトラを呼びかけながらお話をすすめていきます。

極楽の荘厳

「シャーリプトラよ。何故《なぜ》この世界は〝極楽〟と呼ばれるのか。それは、そこにいる有情《うじょう》にはみな身と心に憂いや苦がなく、無量の清らかな喜びと楽しみがあるからだ」と。

お釈迦さまの教えは「一切皆苦《いっさいかいく》」、つまり「この世は苦である」というものです。その「苦」がないのですから、それはそれはすばらしい世界です。苦の対義語は楽ですから苦のない世界は「極楽」というわけです。

ちなみに苦とは思い通りにならないことからおこる虚《むな》しさや不快なので、「この世は苦《く》しみ」というより「この世は苦《にが》い」と読む方が適当ではないかと私は思っています。そうした苦々《にがにが》しさや憂いがなく、かわりに喜楽があるということです。

ここで「清浄《しょうじょう》なる」という補足があるのがポイントで、極楽は仏さまの世界ですから、欲にまみれた快楽ではなく、清らかな喜びと楽しみの世界であることが示されています。

又舍利子極樂世界浄佛土中處處皆有七重行列妙寶蘭楯七重行列寶多羅樹及有七重妙寶羅網周迊圍繞四寶荘嚴金寶銀寶吠瑠璃寶頗胝迦寶妙餝間綺舍利子彼佛土中有如是等衆妙綺餝功徳荘嚴甚可愛樂是故名為極樂世界

また舍利子《しゃりし》よ、極楽世界《ごくらくせかい》の浄仏土《じょうぶつど》の中には処処《しょしょ》にみな七重に行列した妙宝欄楯《みょうほうらんじゅん》、七重に行列した宝多羅樹《ほうたらじゅ》がある　および七重の妙宝羅網《みょうほうらもう》があって周匝《しゅうそう》し囲繞《いにょう》して四宝《しほう》にて荘厳《しょうごん》している

金宝・銀宝・吠瑠璃《べいるり》宝・頗胝迦《はていか》宝にて妙飾間綺《みょうじきけんき》している

舍利子《しゃりし》よ、かの仏土の中にはかくのごときら衆妙綺飾《しゅうみょうきじき》の功徳荘厳《くどくしょうごん》があってはなはだ愛楽《あいぎょう》すべきである

このゆえに名づけて極楽世界《ごくらくせかい》というのである

ここから立て続けに極楽世界の有様《ありさま》をあらわす描写《びょうしゃ》が続きます。これも「なぜ極楽と呼ばれるのか」の問いに対する答えの続きです。

極楽世界という清らかな仏土《ぶつど》の中には、七重に並んだ欄楯《らんじゅん》、七重に並んだターラ樹《じゅ》、七重の羅網《らもう》

があるそうです。仏教では「右遶三匝《うにょうさんそう》」といって、礼拝《らいはい》するときに塔の周りやお堂の中を右回りに三周回って礼拝する作法がありますが、欄楯《らんじゅん》とは木造の塔ならば欄干《らんかん》、石塔ならば石垣というような周囲を回る礼拝道のようなものかと思います。極楽にある欄楯《らんじゅん》は一重ではなく七重になっていて、よりありがたいと。そして、参詣道《さんけいどう》の並木が七重になっていて、しかも宝玉や鈴で飾られた網も七重であり、きらびやかに飾られているということです。

中将姫《ちゅうじょうひめ》が當麻寺《たいまでら》であらわした「當麻曼荼羅《たいままんだら》」を見ると、左右に二本の宝樹《ほうじゅ》が立っています。それぞれの木は七重の階層になっていて、それぞれの階層ごとに仏さまのおられる宮殿が横並びに連なって欄楯《らんじゅん》を形成しています。そしてさらに豪華な網が掛けられています。七重の妙宝欄楯《みょうほうらんじゅん》・宝多羅樹《ほうたらじゅ》・妙宝羅網《みょうほうらもう》を一度にあらわしたものかと思われます。それらは金・銀・吠瑠璃《べいるり》・頗胝迦《はていか》という四つの宝（四宝《しほう》）でできたすばらしいものです。四宝については次の段落に七宝《しっぽう》が登場しますのでそちらで紹介します。（写真Ｐ４）

そして、このようにすばらしいところだから「極楽世界」というのですよ、と段落が締められ、さらにこのあとも極楽世界の荘厳《そうごん》なようすが引き続き説かれていきます。

読みすすめていけばわかってくるのですが、このお経では極楽世界のようすや仏さまの名前や姿など、それを頭の中にイメージして思い浮かべることに意味があると説かれていきます。ですのでみなさんも本書を読みながら、極楽世界がすばらしいということを知るだけでなく、それを頭や心に思い浮かべて、イメージを膨らませていってほしいと思います。

又舍利子極樂世界淨佛土中處處皆有七妙寶池八功德水弥滿其中何等名為八功德水一者澄淨二者清冷三者甘美四者輕耎五者潤澤六者安和七者飲時除飢渴等无量過患八者飲已定能長養諸根四大增益種種殊勝善根多福衆生常樂受用是諸寶池底布金沙四面周帀有四階道四寶莊嚴甚可愛樂諸池周帀有妙寶樹間餝行列香氣芬馥七寶莊嚴甚可愛樂言七寶者一金二銀三吠瑠璃四頗胝迦五赤真珠六阿濕摩揭拉婆寶七牟娑洛揭拉婆寶

また舎利子《しゃりし》よ、極楽世界《ごくらくせかい》の浄仏土《じょうぶつど》の中には処処《しょしょ》にみな七妙宝池《しちみょうほうち》があり八功徳水《はっくどくすい》がその中にあまねく満ちている

何等《なんら》をか名づけて八功徳水《はっくどくすい》というか　一つには澄浄《ちょうじょう》、二つには清冷《しょうれい》、三つには甘美《かんび》、四つには軽軟《きょうなん》、五つには潤沢《じゅんたく》、六つには安和《あんわ》、七つには飲む時に飢渇《きかつ》など無量の過患《かかん》を除《のぞ》き、八つ

には飲みおわって定《さだ》んでよく諸根《しょこん》・四大《しだい》を長養《じょうよう》し種種殊勝《しゅじゅしゅしょう》の善根《ぜんごん》を増益《ぞうやく》する　多福の衆生《しゅじょう》つねに楽《たの》しみて受用《じゅよう》する　このもろもろの宝池《ほうち》の底には金沙《こんしゃ》を布《し》いている　四面に周匝《しゅうそう》して四つの階道《かいどう》がある　四宝《しほう》の荘厳《しょうごん》ははなはだ愛楽《あいぎょう》すべきである　もろもろの池を周匝《しゅうそう》して妙宝樹《みょうほうじゅ》あり間飾行列《けんじきぎょうれつ》して香気芬馥《こうきふんぷく》している　七宝《しっぽう》の荘厳《しょうごん》ははなはだ愛楽《あいぎょう》すべきものである
七宝というのは一つには金、二つには銀、三つには吠瑠璃《べいるり》、四つには頗胝迦《はていか》、五つには赤真珠《しゃくしんじゅ》、六つには阿湿摩掲拉婆宝《あしまぎゃらばほう》、七つには牟娑洛掲拉婆宝《むしゃらぎゃらばほう》である

次は極楽の池について語られます。

池は七つの妙《たえ》なる宝でできています。「妙《たえ》なる」とは、不思議に感じるくらいすぐれているようすをあらわしています。七つの宝についてはこのあとに具体的な名前が出てきますので一旦置いておきましょう。

その池の水は、澄《す》んで浄《きよ》く、清らかで冷たく、甘く美味で、かろやかで、すべすべして、肌触りが良く、身体を潤して悪いものを除き体調を整えて健康を増進する、というような八つのすぐれた特性を具《そな》えており、これを「八功徳水《はっくどくすい》」といいます。

池の底には金の砂が敷かれています。

水辺の岸は階段状で沐浴《もくよく》に適した造りになっており、その階段は四宝で飾られていて、周囲には七宝で飾られた木々が豊かな香りを漂《ただよ》わせています。

では、四宝、七宝を見ていきましょう。

一つ目は金。

二つ目は銀。

三つ目は吠瑠璃《べいるり》。単に瑠璃ともいい、ラピスラズリのような青い宝石・宝玉。

四つ目は頗胝迦《はていか》。水晶のような透明な宝石・宝玉で、羅什《らじゅう》は玻璃《はり》と訳しています。

ここまでが四宝、次の三つを足して七宝です。

五つ目は赤真珠《しゃくしんじゅ》。文字通り赤い真珠または赤い珊瑚《さんご》。

六つ目は阿湿摩揭拉婆《あしまぎゃらば》。「アシュマガルバ」の音写で瑪瑙《めのう》のような緑色の宝石・宝玉。

七つ目は牟娑洛揭拉婆《むしゃらぎゃらば》。「ムサーラ・ガルヴァ」の音写でシャコ貝の殻または白珊瑚。

経典によってはシャコ貝ではなく琥珀《こはく》が数えられたりすることもあります。

このように七宝はそれぞれに現実世界に実在する宝石・宝玉が数えられているのですが、先に述べたようにここで極楽世界の荘厳《そうごん》さが詳しく説かれているのは、実はそれを心にイメージすることが大切であるからなので、ぜひみなさんも美しい七つの宝を想像してほしいと思います。そしてその際、実在の宝石・宝玉をイメージできるならそれでよいのですが、あくまでもこれは仏さまの世界のことですから必ずしも現実世界のものと同じものである必要はありません。「七宝」といえば七色に輝くすばらしい宝玉類と思えばいいと思います。つまり石や貝殻の具体的な材質を思い浮かべるよりも、金色、銀色、青色、透明色、赤色、緑色、白色と、それぞれの色に光り輝くありがたく尊い宝玉をイメージすればよいと思います。

そして、このように荘厳《そうごん》でありがたい池に入って沐浴《もくよく》し、香《かぐわ》しい香《かお》りに包まれて心地よい気分になっている自分を想像してみたらよいと思います。

是諸池中常有種種雑色蓮花量如車輪青形青顯青光
青影黄形黄顯黄光黄影赤形赤顯赤
光赤影白形白顯白光白影四形四顯四光四影舍利子
彼佛土中有如是等衆妙綺餝功徳庄嚴甚可愛樂是故
名為極樂世界

このもろもろの池の中にはつねに種種の雑色《ぞうしき》の蓮花《れんげ》があり量《りょう》は車輪のごとし

青形《しょうぎょう》は青顕《しょうけん》・青光《しょうこう》・青影《しょうよう》、黄形《おうぎょう》は黄顕《おうけん》・黄光《おうこう》・黄影《おうよう》、赤形《しゃくぎょう》は赤顕《しゃっけん》・赤光《しゃっこう》・赤影《しゃくよう》、白形《びゃくぎょう》は白顕《びゃっけん》・白光《びゃっこう》・白影《びゃくよう》、四形《しぎょう》は四顕《しけん》・四光《しこう》・四影《しえい》
舎利子《しゃりし》よ、かの仏土《ぶつど》の中にはかくのごとき衆妙綺飾《しゅうみょうきじき》の功徳荘厳《くどくしょうごん》があってはなはだ愛楽《あいぎょう》すべきである　このゆえに名づけて極楽世界というのである

さらに池の描写が続きます。

池の中には、さまざまな色とりどりの蓮《はす》の花がまるで車輪のような大輪の花を咲かせています。青蓮華《れんげ》は青い色で青色に輝き青い姿を見せ、黄蓮華は黄色い色で黄色に輝き黄色い姿を見せ、赤蓮華は赤い色で赤色に輝き赤い姿を見せ、白蓮華は白い色で白色に輝き白い姿を見せています。そして、四色蓮華《よんしょくれんげ》は四色で四色に輝き四色の姿を見せています。

赤色は赤いままで、白色は白いままで輝きすばらしいという表現は、すべてのものはそのままですばらしいということであり、例えば人は肌の色で区別してはいけないとか、ひとつの価値基準で判断してはいけないとか、そういうことにも通じる奥深い描写であるといえます。

池の描写が終わったところでまた、このようにすばらしいのだから極楽世界と呼ぶのだよ、と段落が締められます。

先ほどの七宝のところで、必ずしも現実世界の宝石をイメージしなくてもよいことを述べましたが、この「蓮花《れんげ》」と表されている花も必ずしも現実世界のハス科の蓮とは限りません。現にこの現実世界には青い蓮は存在しないので、古代インドの人々は、青い睡蓮を見て経典に説かれる「青蓮華」と見做《みな》していたようですが、ここでも「青色、黄色、赤色、白色の蓮花」と説かれていれば、たとえこの世に存在しなくても青、黄、赤、白の蓮の花をイメージすればよいわけです。

中之坊《なかのぼう》の写仏道場では當麻曼荼羅《たいままんだら》の前に紙細工《かみざいく》の蓮の花が飾られています。これは中之坊の住職ら職員が手づくりしている蓮の“造《つく》り花《ばな》”で、當麻曼荼羅《たいままんだら》の完成を祝う七月二十三日の蓮華会《れんげえ》にあわせて毎年六月に作り替えられています。『称讃浄土経』に説かれる四色の蓮華の記述と、中将姫が五色《ごしき》の糸で曼荼羅を織ったという故事にちなんで配色され、左右の鉢の蓮が「四色蓮華」、中央の華瓶が「五色蓮華」と呼ばれています。

コラム弐

『中将姫願経《ちゅうじょうひめがんきょう》』は奈良時代の経巻ですので、現在使われていない文字がたくさん出てきます。「轉」（転）や「數」（数）、樂（楽）などはよく知られた旧字体であろうと思いますし、「荘」（荘）、「体」（休）、「等」（等）なども形がよく似た異体字なのでわかりやすいかと思います。

一方で、何度も登場している「无」は「無」なのですが、かたちがずいぶん違うので知らないと読めないでしょう。「无」はひらがなの「ん」のもとになっている字です。奈良時代の経典はかなり「无」の方を使っていますので、かつては広く使われていたようです。「浄土」の表記は「淨」ではなく「浄」の字が使われていることは紹介しましたが、ここでも蓮の花をあらわすのに「蓮華《れんげ》」ではなく「蓮花《れんげ》」と「花」の字が使われています。

現在の使い分けと同じように植物としての「花」と、「華やか」という意味も含む「華」を使い分けているのかと思えば、このあと登場する「天華《てんげ》」と「天花《てんげ》」が同じ意味で両方登場するので、そういう使い分けでもなさそうです。

奈良時代の人が書き残した漢字と、今、私たちが使っている文字を見比べて、いろいろ想像してみるのも興味深いことではないでしょうか。

又舎利子極樂世界浄佛圡中自然常有无量无邊衆妙
伎樂音曲和雅甚可愛樂諸有情類聞斯妙音諸悪煩惱
悉皆消滅无量善法漸次增長速證无上正等菩提舎利
子彼佛圡中有如是等衆妙綺餝功德荘嚴甚可愛樂是
故名為極樂世界

また舎利子《しゃりし》よ、極楽世界の浄仏土《じょうぶつど》の中には自然《じねん》につねに無量無辺の衆妙《しゅうみょう》の伎楽《ぎがく》がある　音曲《おんぎょく》は和雅《わげ》でありはなはだ愛楽《あいぎょう》すべきものである　もろもろの有情《うじょう》の類はこの妙《たえ》なる音を聞けば諸悪・煩悩《ぼんのう》ことごとくみな消滅し、無量の善法《ぜんほう》が漸次《ぜんじ》に増長し、速《すみ》やかに無上《むじょう》の正等《しょうとう》菩提《ぼだい》を証《しょう》す

舎利子《しゃりし》よ、かの仏土《ぶつど》の中にはかくのごときら衆妙綺飾《しゅうみょうきじき》の功徳荘厳《くどくしょうごん》があってはなはだ愛楽《あいぎょう》すべきである　このゆえに名づけて極楽世界というのである

次に極楽世界では常に美しい音楽が聞こえていることが説かれます。その音楽は誰が演奏するわけでもなく自然に聞こえているようです。『称讃浄土経《しょうさんじょうどきょう》』とともに中将姫《ちゅうじょうひめ》の當麻曼荼羅《たいままんだら》のもととなっている『観無量寿経《かんむりょうじゅきょう》』では、「不鼓自鳴《ふくじみょう》（鼓《う》たずに自《おの》ずから鳴る）」と説かれており、當麻曼荼羅《たいままんだら》に

は宙に浮く楽器がいくつも描かれています。（写真P5）
羅什《らじゅう》訳の『阿弥陀経《あみだきょう》』では、音楽の描写は「常に天楽《てんがく》を作《な》す」と一言書かれるだけですが、玄奘《げんじょう》訳では詳しく述べられています。その伎楽《ぎがく》の音曲は「和雅《わげ》」であると表現されていて、和《なご》やかで和《やわ》らぐような雅《みやび》で上品な音が流れているのだろうなと想像できます。そしてこの妙《たえ》なる音を聞くことで煩悩《ぼんのう》が消えていって悟りの境地に近づくと説かれています。

きっと心地よい音楽がゆるやかに流れていているのだろうなと、想像を膨らませてほしいと思います。

又舎利子極樂世界浄佛土中周遍大地真金合成其觸
柔耎香潔光明无量无邊妙寶間錺舎利子彼佛土中有
如是苐衆妙綺錺功徳荘嚴甚可愛樂是故名為極樂世
界

また舎利子《しゃりし》よ、極楽世界の浄仏土《じょうぶつど》の中に周遍《しゅうへん》する大地は真金で合成《ごうじょう》している　それに触れると
柔軟《にゅうなん》で香潔《こうけつ》である　光明は無量無辺で妙宝《みょうほう》が間飾《けんじき》している

舎利子《しゃりし》よ、かの仏土《ぶつど》の中にはかくのごときら衆妙綺飾《しゅうみょうきじき》の功徳荘厳《くどくしょうごん》があってはなはだ愛楽《あいぎょう》すべきである　このゆえに名づけて極楽世界というのである

またシャーリプトラよ、とお釈迦さまは極楽世界のようすを語り続けます。

極楽の大地は黄金でできていて、触れると柔らかく、薫《かお》り高く清潔であり、光り輝いて宝玉《ほうぎょく》で飾られていると。極楽世界はとてもすばらしいところであるという描写が続いています。

仏教は信じる宗教というより感じる教えであると思います。仏さまのありがたさを経典の言葉だけで信じるのではなく、その姿や誓いを思い浮かべ、教えを心で噛みしめて理解してほしいと思います。

ここまで、極楽世界の美しい姿が、見た目だけでなく、香りや音、水の味、肌触りなどとともに説かれてきました。実際に極楽世界に身を置いたとしたら、その見た目の美しい風景を視覚で楽しむだけでなく、聴覚、触覚、味覚、嗅覚の五感すべてで、そのすばらしさを体感することでしょう。今、この経典を読みすすめる場合にも、五感すべてで極楽世界を体感するような気持ちで極楽世界を思い浮かべていってほしいと思います。

又舍利子極樂世界浄佛土中晝夜六時常雨種種上妙天華光澤香潔細耎雜色雖令見者身心適悦而不貪著增長有情无量无數不可思議殊勝功徳彼有情類晝夜六時常持供養无量壽佛每晨朝時持此天花於一食頃飛至他方无量世界供養百千倶胝諸佛於諸佛所各以百千倶胝華樹持散供養還至本處遊天住等舍利子彼佛土中有如是等衆妙綺餝功徳荘嚴甚可愛樂是故名為極樂世界

また舍利子《しゃりし》よ、 極楽世界《ごくらくせかい》の浄仏土《じょうぶつど》の中には昼夜六時《ちゅうやろくじ》につねに種種《しゅじゅ》の上妙《じょうみょう》なる天華《てんげ》が雨《ふ》る 光沢香潔《こくたくこうけつ》にして細軟《さいなん》・雑色《ぞうしき》である 見る者をして身心適悦《しんしんてきえつ》ならしむといえどもしかも貪著《とんじゃく》せず 有情《うじょう》の無量無数《むりょうむすう》の不可思議《ふかしぎ》で殊勝《しゅしょう》なる功徳《くどく》を増長《ぞうじょう》する かの有情《うじょう》の類は昼夜六時《ちゅうやろくじ》につねにもって無量寿仏《むりょうじゅぶつ》を供養《くよう》し、 毎晨朝《まいじんじょう》の時にこの天花《てんげ》をもって一食《いちじき》の頃に飛んで他方の無量世界に至り百千倶胝《ひゃくせんくてい》の諸仏を供養する 諸仏の所においておのおの百千倶胝の華樹《けじゅ》をもって持散《じさん》し供養して本処《ほんじょ》に還《かえ》り至《いた》って天住等《てんじゅうとう》に遊ぶ

舍利子《しゃりし》よ、 かの仏土《ぶつど》の中にはかくのごときら衆妙綺飾《しゅうみょうきじき》の功徳荘厳《くどくしょうごん》があってはなはだ愛楽《あいぎょう》すべきである このゆえに名づけて極楽世界というのである

次に、諸仏《しょぶつ》の香華供養《こうげくよう》が説かれます。みなさまもお寺にお参りされて大きな法要に参列した時に、「散華《さんげ》」と呼ばれる作法をご覧になったことがあろうかと思います。當麻寺《たいまでら》では四月十四日練供養会式《ねりくようえしき》の際に真言僧が道中を清めるために紙製の花びらを撒《ま》きますし、中之坊《なかのぼう》では六月十六日の中将姫髪供養会《ちゅうじょうひめかみくようえ》や七月二十三日の蓮華会《れんげえ》などで紙製または生花の花びらを散《さん》じたりしています。極楽世界では一日六度も天から花が降ってくるとのことで、さぞ荘厳な光景だろうと思います。それを見たものは心も体も華やかになって喜びを感じるのだけれども、けっして欲望をかき立てるわけではない、といかにも仏さまの世界ならではのことが説かれています。極楽の意味を説く最初のところで「清浄《しょうじょう》なる喜楽」と表現されていたのも同じことで、極楽世界は仏さまの世界なので、そこにある喜びは、貪《むさぼ》りの欲望ではないことがきちんと説明されています。

昼夜六時というのは一日に六度ということで、現在は一日を二十四時間で考えますが、古代のインドでは、一日を四時間ずつ「晨朝《じんちょう》、日中《にっちゅう》、日没《にちぼつ》、初夜《しょや》、中夜《ちゅうや》、後夜《ごや》」の六つに分けて考えていました。

かつて日本で、一日を二時間ずつ十二に分けて、子《ね》の刻、丑《うし》の刻、などと十二支でよんでいたようなものです。晨朝は午前六時~、日中は午前十時~、日没は午後二時~、初夜は午後六時~、中夜は午後十時~、後夜は午前二時~の、各四時間と考えていただいたらよいでしょう。

そして「かの有情《うじょう》」、つまり極楽世界に住むものたちは早朝からこの天花《てんげ》をもって極楽以外のほかの仏国土まで飛んで行って、それぞれにおられるたくさんの仏さまにそれを捧げてまわるそうで、當麻曼荼羅《たいままんだら》にも花びらを抱えている菩薩《ぼさつ》さまの絵があちこちに描かれていますが、お互いに供養しあっているお姿が描かれているのだと思います。

浄土というのは「調和の世界」であり、お互いに供養しあう、つまり慈《いつく》しみあうということが大切である、ということが説かれているように思います。

又舎利子極樂世界浄佛土中常有種種奇妙可愛雑色
衆鳥所謂鵝鴈鶖鷺鴻鶴孔雀鸚鵡羯羅頻迦命命鳥等
如是衆鳥晝夜六時恒共集會出和雅聲随其類音宣揚
妙法所謂甚深念住正断神足根力覺道支等无量妙法
彼土衆生聞是聲已各得念佛念法念僧无量功徳熏脩
其身

また舎利《しゃり》子《し》よ、極楽世界の浄仏土の中にはつねに種種《しゅじゅ》の奇妙《きみょう》なる愛すべき雑色《ぞうしき》のもろもろの鳥がある　いわゆる鵝《が》・鴈《がん》・鶖鷺《しゅうろ》・鴻鶴《こうかく》・孔雀《くじゃく》・鸚鵡《おうむ》・羯羅頻迦《からびんが》・命命鳥《みょうみょうちょう》などである　かくのごときらのもろもろの鳥が昼夜六時《ちゅうやろくじ》につねに共に集会《しゅえ》して和雅《わげ》なる声を出す　その類音《るいこえ》に従《したが》って妙法《みょうほう》を宣揚《せんよう》する　いわゆる甚深《じんじん》の念住《ねんじゅう》・正断《しょうだん》・神足《しんそく》・根《こん》・力《りき》・覚道支《かくどうし》などの無量の妙法である　かの土《ど》の衆生《しゅじょう》はこの声を聞きおわっておのおの念仏《ねんぶつ》・念法《ねんぽう》・念僧《ねんそう》の無量の功徳《くどく》を得てその身《み》に薫修《くんじゅう》する

さてここからは、極楽世界にはさまざまな鳥がいることが説かれます。（写真P５）

鵝《が》はガチョウ。我はガーガーという鳴き声をあらわしています。鴈《がん》は雁《がん(かり)》。鶖《しゅう》は鵜《う》のことで、鷺《ろ》はサギですから、「鶖《しゅう》・鷺《ろ》」と分けて読めば「鵜《う》とサギ」となりますが、「鶖鷺《しゅうろ》」を一語とすると百舌《もず》のことになります。百舌は百の言葉を理解するとされ尊ばれたようなので、ここではそちらを指しているのではないかと思われます。

「鴻鶴《こうかく》」も「鴻《おおとり》と鶴《つる》」と読めば「大きな水鳥《みずとり》と鶴《つる》」となりますが、一語で「鴻鶴《こうかく》」と読んで「白鳥《はくちょう》」を指していると思います。

そのほかに孔雀《くじゃく》やオウムがいるほか、天人《てんにん》の顔をした人面鳥「羯羅頻迦《からびんか》（迦陵頻伽《かりょうびんが》）」と、双頭の鳥「命命鳥《みょうみょうちょう》（共命鳥《ぐみょうちょう》）」といった、この世には存在しない鳥が登場します。先に述べましたように、私たちの世界のものと仏さまの世界のものは必ずしも同じではないので、ガチョウやオウムなど馴染《なじ》みの名前の鳥たちも私たちの世界の鳥と同じと思わない方がよいでしょう。

さてこれらさまざまな鳥たちが一日六度集まって、天の楽器と同じように「和雅《わげ》」の声を出して鳴くということです。特に羯羅頻迦《からびんか》は「妙音《みょうおん》」「妙声《みょうしょう》」とも訳されるように、それはそれは美しい声を出すそうです。その柔らかく雅《みやび》な鳴き声は、そのまま仏さまの説法の声だと説かれています。

「甚深《じんじん》の念住《ねんじゅう》・正断《しょうだん》・神足《じんそく》・根《こん》・力《りき》・覚道支《かくどうし》等」とは「四念住《しねんじゅう》（四つの観想《かんそう》）」「四正断《ししょうだん》（四つの努力）」「四神足《しじんそく》（四つの自在力）」「五根《ごこん》（五つの能力）」「五力《ごりき》（五つの行動力）」「七覚支《しちかくし》（七種の悟りの要素）」「八正道《はっしょうどう》（八つの正しい行い）」の「三十七支分《しぶん》」という悟りに至るための難しい教えを指していますが、そうした難しい教えも極楽の鳥の声を聞けば「ごく楽《らく》に」と、すっと体にしみいってくるということです。まさに極楽ならではといえるでしょう。

汝舍利子於意云何彼土衆鳥豈是傍生悪趣攝耶勿作
是見所以者何彼佛浄土无三悪趣尚不聞有三悪趣名
何況有實罪業所招傍生衆鳥當知皆是无量壽佛變化
所作令其宣暢无量法音作諸有情利益安樂舍利子彼
佛土中有如是䒭衆妙綺餝功徳庄嚴嚴甚可愛樂是故
名為極樂世界

なんじ舎利子《しゃりし》よ、意において云何《いかん》　かの土《ど》のもろもろの鳥はあにこれ傍生悪趣《ぼうしょうあくしゅ》の摂《しょう》ならんや
この見《けん》をなすなかれ　所以《ゆえん》は何か　かの仏浄土《ぶつじょうど》には三悪趣《さんあくしゅ》は無い　なお三悪趣の名もあることを聞かない　いかにいわんや実《じつ》の罪業《ざいごう》の招くところの傍生《ぼうしょう》の衆鳥《しゅうちょう》にあらんや　まさに知るべし、みなこれ無量寿仏《むりょうじゅぶつ》の変化《へんげ》の所作《しょさ》であり、それをして無量の法音を宣暢《せんちょう》して諸《もろもろ》の有情《うじょう》の利益《りやく》安楽《あんらく》をなさしめる
舎利子《しゃりし》よ、かの仏土《ぶつど》の中にはかくのごときら衆妙綺飾《しゅうみょうきじき》の功徳荘厳《くどくしょうごん》があってはなはだ愛楽《あいぎょう》すべきである　このゆえに名づけて極楽世界というのである

仏教では六道輪廻《ろくどうりんね》という考え方があります。お釈迦《しゃか》さまは「死んだらどうなるか」ということにはお答えにならなかったという誤解がありますが、六道輪廻は仏教以前の当時のインドでは常識で、お釈迦《しゃか》さまも「どうすれば輪廻から解脱《げだつ》できるのか」を追求され、遂に悟りを得られたのであって、魂は輪廻するということを前提にされていました。

六道輪廻の考え方によると、一切の衆生《しゅじょう》は生前の行いによって次の生で天道・人間道・修羅道・畜生道《ちくしょうどう》・餓鬼道《がきどう》・地獄道の六道いずれかに生まれるとされます。そのうち下の「畜生・餓鬼・地獄」を三悪道（三悪趣《あくしゅ》）といい、生前の行いが悪いとこの三悪道に堕《お》ちるというように考えられてきました。

さて、ここで極楽の鳥たちはすばらしいということが説かれましたが、そもそも鳥は畜生道の生き物なので、彼らは前世《ぜんせ》で善業《ぜんごう》を積まなかった衆生《しゅじょう》なのではないか、だから畜生道という悪道に堕ちた存在なのではないのか、という疑問が生じても不思議ではありません。なのでお釈迦《しゃか》さまは「そんな風に思ってはいけないよ」と、ここで説いておられるのです。

そもそも極楽世界には三悪道というものもないし、三悪趣という言葉すらもない。極楽に飛んでいる鳥たちはみな、無量寿仏《むりょうじゅぶつ》つまり阿弥陀《あみだ》さまの化身《けしん》であって、極楽の人々を悟りに導き安楽を与えるために出現させ、ありがたい声を聞かせている鳥たちなんだ、とお釈迦《しゃか》さまは説明されています。

又舎利子極樂世界浄佛土中常有妙風吹諸寶樹及寶羅網出微妙音譬如百千倶胝天樂同時倶作出微妙聲甚可愛玩如是彼土常有妙風吹衆寶樹及寶羅網撃出種種微妙音聲説種種法彼土衆生聞是聲已起佛法僧念作意等无量功徳舎利子彼佛土中有如是等衆妙綺餝功徳荘嚴甚可愛樂

是故名為極樂世界

また舎利子《しゃりし》よ、極楽世界の浄仏土の中にはつねに妙風《みょうふう》あって諸《もろもろ》の宝樹および宝羅網《ほうらもう》を吹き微妙なる音を出すこと譬《たと》えれば百千倶胝《くてい》の天楽《てんがく》が同時にともになして微妙なる声を出すごとしでありはなはだ愛玩《あいがん》すべきものである　かくのごとくかの土にはつねに妙なる風があってもろもろの宝樹および宝羅網を吹き種種の微妙なる音声《おんじょう》を撃出《うちだ》して種種の法を説く　かの土の衆生はこの声を聞きおわりて仏法僧の念・作意などの無量功徳《むりょうくどく》をおこす　舎利子《しゃりし》よ、かの仏土の中にはかくのごときら衆妙綺飾《しゅみょうきじき》の功徳荘厳《くどくしょうごん》があってはなはだ愛楽《あいぎょう》すべきであるこのゆえに名づけて極楽世界というのである

極楽世界には常に妙《たえ》なる風が吹いていています。木々を揺らし、なんともいえない鈴の音が聞こえます。まるで、数えきれないほどの天の音楽が同時に鳴っているようで、言葉でいいあらわせない心地よさであるようです。

先に出てきた極楽世界の音楽とともに、極楽世界に鳴り響く音はそれはそれは尊いものだと説かれるわけですが、現実世界でもよい音楽を聞くことで心が落ち着き気持ちが安らぐということはあると思います。真言宗の作法で、法要の際に導師が金剛鈴《こんごうれい》という鈴を鳴らす作法がありますが、この音は煩悩《ぼんのう》を滅《めっ》するものだとされております。

そしてまた同時に、この金剛鈴の音は「お経の言葉を補《おぎな》う」ともされています。仏教では仏の教えは言葉ではいいあらわせないと説かれます。なのでわれわれは経典の意味を知ろうと勉強を懸命

に頑張るだけではなく、実際に行《ぎょう》をして仏の境地を体感しなければ仏さまの教えは理解できないとされています。仏さまの鈴の音は言葉を越えたものであるので、自然と心に沁《し》み入ってきて安楽の境地を体感させてくれるものであるということです。

極楽世界では妙風《みょうふう》に吹かれて響く妙音《みょうおん》を聞くことによって、仏《ぶつ》（ほとけさま）と法《ほう》（ほとけさまの教え）と僧《そう》（ほとけさまの教えを実践するつどい）という三宝《さんぼう》に対して、心を専一《せんいつ》に念じることができると説かれています。「念《ねん》・作意《さくい》」というのは〝心を専一に念じる〟という行為ですが、このことはこの経典において、また仏教において重要で、特に「念」という言葉はこのあとにも何度か出てまいります。

又舍利子極樂世界浄佛土中有如是等无量无邊不可思議甚希有事假使經於百千俱胝那庾多劫以其无量百千俱胝那庾多舌一一舌上出无量聲讃其功徳亦不能盡是故名為極樂世界

また舍利子《しゃりし》よ、極楽世界の浄仏土の中にはかくのごときらの無量にして無辺なる不可思議ではなはだ希有《けう》な事があり、たとえ百千倶胝那庾多《ひゃくせんくていなゆた》の劫《こう》を経て、その無量百千倶胝那庾多《むりょうひゃくせんくていなゆた》の舌をもって一一の舌の上に無量の声を出してその功徳を讃《さん》じたとしてもまた尽くすこと能《あた》わず　このゆえに名づけて極楽世界というのである

ここでは「極楽世界には、はかりしれないほどの人知を超えたありがたい事象があり、たとえ一万億劫《こう》もの長い時間をかけて一万億人もの人々が口々に無量ともいえる言葉をつくして褒《ほ》め称《たた》えようとも、この極楽世界のありがたさを讃《たた》えつくすことはできない」と、極楽世界がすばらしいことをこれ以上ない表現で讃えています。

一万憶劫《こう》の劫《こう》というのは未来永劫《みらいえいごう》の劫であるように、それだけで無限に近い時間をあらわします。一説には四十三億二千万年ともいわれますが、それの一兆倍ということですから、ほぼ無限の時間ということです。そしてそれほどの長い時間をかけて一兆もの衆生《しゅじょう》がそれぞれに無量の声を出して褒め称えるのですから、それはもう褒めて褒めて褒め称えまくっているわけですが、それでも褒めつくすことはできないというほど極楽はありがたいというのです。

この一段落は『称讃浄土経《しょうさんじょうどきょう》』のタイトルの通りで、この経典を象徴する箇所であります。羅什《らじゅう》訳

の『阿弥陀経《あみだきょう》』にはこの表現は登場しません。浄土真宗の開祖である親鸞聖人《しんらんしょうにん》は『阿弥陀経《あみだきょう》』にはない『称讃浄土経《しょうさんじょうどきょう》』のこの箇所をとてもありがたがったということで、

「百千倶胝《ひゃくせんくてい》の劫《こう》をへて　百千倶胝《ひゃくせんくてい》のしたをいだし
したごと無量のこゑをして　弥陀をほめんになほつきじ」

との和讃《わさん》（仏教歌謡の一種）をつくって喜んでおられるほどです。

この段落はその文字通り、極楽は讃《さん》じつくせないほどすばらしいのだと解釈していただければいいのですが、同時に私は、この箇所は言葉の限界もあらわしているのではないかと考えています。

お釈迦《しゃか》さまが菩提樹《ぼだいじゅ》の下で悟りを開かれた時、その体得したものは「境地」であったため、とても言葉であらわすことができないと考え、その体得した境地をお釈迦《しゃか》さまご自身の中にしまっておこうとされました。しかしそのようすを見ていた梵天《ぼんてん》が世を救うために教えを広めてほしいと懇願され、それによってお釈迦《しゃか》さまが意をけっして授法の旅に出られたというのが仏教のはじまりであります。

それからお釈迦《しゃか》さまは言葉をつくして教えを伝え続けたわけですが、お釈迦《しゃか》さまはその教えを文字にして残すことはなかったので、のちの弟子たちが伝え聞いた教えを文字にして書き残しました。それが経典です。ところが、もともと言葉であらわせないものを言葉で表現しようとするわけですから、たくさんの言葉で補う必要が生じ、言葉の量はふくれあがり、経典は八万四千《はちまんしせん》ともいわ

れる膨大な量になったわけです。そしてさらに経典を解説する文章も増え続け、現在でも『般若《はんにゃ》心経《しんぎょう》』を筆頭に、さまざまな仏教解説書は出版され続けています。これらはつまり「境地」というものは言葉ではそもそも言いつくすことはできないということのあらわれであり、だからこそ仏教では行《ぎょう》を実践して体感することが大切だと説かれているわけです。

『称讃浄土経《しょうさんじょうどきょう》』のこの箇所における「言葉で言いつくせない」という表現も、極楽世界のすばらしさは体感するしかない、ということをあらわしているのではないか思います。だからこそこの『称讃浄土経《しょうさんじょうどきょう》』では〝心を専一にして念じること〟を随所で勧めているのだと思います。

極楽の仏と聖衆

又舍利子極樂世界浄佛土中佛有何縁名无量壽舍利子由彼如来及諸有情壽命无量无數大劫由是縁故彼

土如来名无量壽舎利子无量壽佛證得阿耨多羅三藐三菩提已来経十大劫舎利子何縁彼佛名无量光舎利子由彼如来恒放无量无邊妙光遍照一切十方佛土施作佛事无有障礙由是

縁故彼土如来名无量光舎利子彼佛浄土成就如是功徳荘嚴甚可愛樂是故名為極樂世界

また舎利子《しゃりし》よ、極楽世界の浄仏土の中の仏を何の縁あって無量寿《むりょうじゅ》と名づくるか

舎利子《しゃりし》よ、かの如来《にょらい》および諸《もろもろ》の有情《うじょう》の寿命は無量・無数大劫であるによる　この縁によるがゆえに彼の土の如来《にょらい》は無量寿と名づくるのである

舎利子《しゃりし》よ、無量寿仏《むりょうじゅぶつ》は阿耨多羅三藐三菩提《あのくたらさんみゃくさんぼだい》を証得してより十大劫《じゅったいごう》を経ている

舎利子《しゃりし》よ、何の縁でかの仏を無量光と名づくるか

舎利子《しゃりし》よ、かの如来《にょらい》はつねに無量にして無辺の妙《たえ》なる光を放ってあまねく一切の十方の仏土を照らし、仏事を施作するに障礙《しょうげ》あることなし　この縁によるがゆえに彼の土の如来《にょらい》を無量光と名づくるのである

舎利子《しゃりし》よ、かの仏の浄土はかくのごとき功徳荘厳《くどくしょうごん》が成就《じょうじゅ》していてはなはだ愛楽《あいぎょう》すべきである

このゆえに名づけて極楽世界となすのである

極楽世界の情景の描写が一段落し、ここでは極楽世界の教主の仏さまの名前の由来が説かれます。極楽世界の仏さま、つまり阿弥陀《あみだ》さまですが、『称讃浄土経《しょうさんじょうどきょう》』では無量寿仏《むりょうじゅぶつ》または無量光仏《むりょうこうぶつ》と呼ばれています。

羅什《らじゅう》は「アミターバ（無量寿）」「アミターユス（無量光）」の両方に通じるように、音を訳す音写で「阿弥陀《あみだ》」と訳しましたが、正確な意訳をモットーとする玄奘三蔵《げんじょうさんぞう》は、「無量寿・無量光」という意味で翻訳しました。

無量寿の意味はここでは永遠に近い寿命であると説かれており、阿弥陀《あみだ》さまだけでなく極楽世界の有情《うじょう》も同じであると説かれています。その永遠に近い寿命の長さは無量・無数大劫《たいごう》とあらわされています。

大劫とは前の段落で登場した劫と同じで、一説では四十三億二千万年とされるとてつもなく長い時間です。仏教経典では一劫の長さははっきりとした数字で示されていませんが、「磐石劫《ばんじゃくこう》の喩《たと》え」「芥子劫《けしこう》の喩《たと》え」などという比喩でその長さがあらわされます。

「磐石劫の喩え」は次のようなものです。大きな大きな石があったとします。その一辺は牛車《ぎっしゃ》で一日かけて歩くほどの長さのある巨石です。そこに百年に一度天人《てんにん》が舞い降りて、そのやわらかな羽衣の袖がそっと石に触れたとします。ほとんど擦《す》れたか擦《す》れていないかというほどの小さな摩擦ですが、目に見えないほどのほんのわずかばかり石も削れることでしょう。その小さな摩擦を百年に一度繰り返し、ついに巨石が摩擦で磨滅してしまうほどの長い時間、あるいはそれ以上の時間が一劫であるといいます。

落語「寿限無《じゅげむ》」で出てくる「五劫のすり切れ」の「擦り切れ」とはこの天人の羽衣がすれるところからきています。五劫は単に一劫の五倍というだけでなく、阿弥陀如来《あみだにょらい》さまが私たち衆生《しゅじょう》を救う方法を懸命に考えた時間とされていますので、「五劫のすり切れ」はたいへんにありがたい名前ということができるでしょう。

「芥子劫《けしこう》の喩《たと》え」も同じような内容で、一辺が牛車で一日かけて歩くほどの長さがある大きな城があったとし、その城に小さな芥子粒《けしつぶ》を満たして百年に一度一粒ずつ取り去り、その芥子がすべて無くなってもなお尽きないほどの長い時間が一劫である、と譬《たと》えられています。

無量寿仏《むりょうじゅぶつ》の寿命は、無限に近い長さである一劫のさらに無量無数倍であり、無量寿仏《むりょうじゅぶつ》が悟りを開いてブッダになってからもすでに十劫もの長い時間が過ぎていると、そのとてつもない長さが強調されています。

無量光の意味は、無量無辺に照らす光の大きさであると説かれており、その光によって遠くの者でも悟りに至る道の妨《さまた》げが除かれると説かれています。仏さまの救いの光はどこまでも遠くまで届くという、その救いの広さを表現しています。

無量寿と無量光は、無量の寿命と光明であると同時に寿と光とは時間と空間であります。「仏さまの教えはいつの時代も正しくどこにあっても届く」という時間的にも空間的にも普遍であることを象徴しているともいえるでしょう。

コラム参

阿耨多羅三藐三菩提《あのくたらさんみゃくさんぼだい》というのは、「アヌッタラサミャクサンボーディ」の音写で、「この上ない悟り」という意味です。意訳すれば「無上正等覚《むじょうしょうとうがく》」となります。羅什《らじゅう》は音の響きを大切にしましたので音写が多いですが玄奘《げんじょう》は意味を伝えることを大事にしましたので「無上正等覚《むじょうしょうとうがく》」ではなく「阿耨多羅三藐三菩提《あのくたらさんみゃくさんぼだい》」を用いるのは珍しいような気がします。

意訳を重視した玄奘《げんじょう》が音写を用いるのはどのような時かというのが、玄奘《げんじょう》の没後、二百年後くらいにまとめられた「五種不翻《ごしゅふほん》」という五か条にあります。

㈠　順古故《じゅんここ》…昔からの慣習で意訳しないことが多い場合
㈡　秘密故《ひみつこ》…真言陀羅尼《しんごんだらに》といった秘密語である場合
㈢　多含故《たごんこ》…一語に複数の意味を含む場合
㈣　此方無故《しほうむこ》…中国に同じものがないので適当な訳語がない場合
㈤　尊重故《そんじゅうこ》…音訳の方がありがたく感じて善い心を生じさせる場合

の五つです。

阿耨多羅三藐三菩提《あのくたらさんみゃくさんぼだい》を訳さないのは㈠に相当し、昔から音写が浸透しているのであえて意訳しないということで、おなじみの『般若心経《はんにゃしんぎょう》』でも意訳せず、「阿耨多羅三藐三菩提《あのくたらさんみゃくさんぼだい》」となっています。ただし、玄奘《げんじょう》は時と場合によっては「無上正等覚《むじょうしょうとうがく》」も用い、この経典も最後では「無上正等菩提《むじょうしょうとうぼだい》」を一か所だけ使っていますので、臨機応変に使い分けていたようです。

㈡の真言・陀羅尼《だらに》は声に出してお唱えすることに意味があり、音や響きが大切であるので訳してはいけないのは当然です。般若心経の「羯諦羯諦波羅羯諦波羅僧羯諦菩提薩婆訶」がこれにあたります。

㈢は、このお経の冒頭に出てきた「薄伽梵《ばがぼん》」がその一例とされ、「世尊」と訳すことも可能ではありますが、バガヴァーンには自在・熾盛《しじょう》・端厳《たんげん》・名称《みょうしょう》・吉祥《きっしょう》・尊貴《そんき》という六つの意味があるので、一つの言葉に訳すことは困難であるとして玄奘《げんじょう》は音写にしています。

㈣は、例えばカルラという鳥の名前などは、それにあたる言葉がないので「迦楼羅《かるら》」と音写します。

㈤は、ブッダを「仏陀」、ボーディサットヴァを「菩提薩埵（菩薩）」とするような場合で、それぞれ「覚者《かくしゃ》」とか「道有情《どううじょう》」などと訳すことができますが、特別な存在であることを示すために訳さないということです。

羅什《らじゅう》も玄奘《げんじょう》もあるいはその他の訳僧たちも、大変な苦心を重ねながらお経を訳して、教えを伝えてくださったのだと頭が下がるばかりです。

又舍利子極樂世界浄佛土中无量壽佛常有无量聲聞弟子一切皆是大阿羅漢具足種種微妙功德其量无邊不可稱數舍利子彼佛浄土成就如是功德莊嚴甚可愛樂是故名為極樂世界

又舍利子極樂世界浄佛土中无量壽佛常有无量菩薩弟子一切皆是一生所繫具足種種微妙功德其量无邊不可稱數假使經於无數量劫讃其功德終不能盡舍利子彼佛土中成就如是功德莊嚴甚可愛樂是故名為極樂世界

また舍利子《しゃりし》よ、極楽世界の浄仏土の中の無量寿仏《むりょうじゅぶつ》には常に無量の声聞《しょうもん》の弟子あり　一切みなこれ大阿羅漢《だいあらかん》にして種種微妙功徳《しゅじゅみみょうくどく》を具足《ぐそく》している　その量無辺にして称《あ》げて数えることは不可である

舍利子《しゃりし》よ、かの仏の浄土はかくのごとき功徳荘厳《くどくしょうごん》が成就していてはなはだ愛楽《あいぎょう》すべきであることのゆえに名づけて極楽世界となすのである

また舍利子《しゃりし》よ、極楽世界の浄仏土の中の無量寿仏には常に無量の菩薩の弟子あり　一切みなこれ一生所繫《いっしょうしょごん》にして種種微妙功徳《しゅじゅみみょうくどく》を具足している　その量無辺にして称《あ》げて数えることは不可で

ある　たとえ無数量の劫を経てその功徳を讃じてもついにつくすこと能《あた》わず
舎利子《しゃりし》よ、かの仏の浄土はかくのごとき功徳荘厳《くどくしょうごん》が成就していてはなはだ愛楽《あいぎょう》すべきである
このゆえに名づけて極楽世界となすのである

この経典の冒頭で、お釈迦《しゃか》さまの周りにはたくさんの僧侶の弟子や菩薩《ぼさつ》さまの弟子がおられると述べられていました。ここでは極楽世界の無量寿仏《むりょうじゅぶつ》さまにも、たくさんの声聞《しょうもん》の弟子や菩薩《ぼさつ》の弟子がおられることが述べられます。

声聞《しょうもん》というのは、出家していつも仏さまのそばに身を置き、仏さまの説法の声を身近に聞きながら修行する人、つまりお釈迦《しゃか》さまの時代のお坊さんをいいます。

お坊さんたちはみな阿羅漢《あらかん》、つまり仏さまと同じように最高の悟りを得た存在になっていて、その数はまた数えきれないほどであります。

菩薩《ぼさつ》というのは、出家せずに俗世に身を置いて、衆生《しゅじょう》を救いながら仏を目指す方々です。菩薩《ぼさつ》たちはみな一生所繋《いっしょうしょごん》、つまり次の生では解脱《げだつ》して仏になることが約束されている存在になっていて、その数は数えきれないほどであります。

「一生所繋《いっしょうしょごん》」は「一生補処《いっしょうふしょ》」ともいい、この一生だけ迷いの世界に繋がれている、次の生では解き

放たれるという意味です。迷い、煩悩で繋がれたところから解き放たれるということは、解《ほど》け出るということですので、「ほどけた存在」が「ほとけ」ということです。語源的には正しいかどうかは別として、私はこの解釈が好きです。

私たちの世界を娑婆《しゃば》世界といいますが、この娑婆世界においてお釈迦《しゃか》さまの次に仏となることが約束されているのは弥勒菩薩《みろくぼさつ》さまですので、弥勒菩薩《みろくぼさつ》さまのことを「一生補処《いっしょうふしょ》の菩薩《ぼさつ》」といいます。極楽世界では、数えきれないほどの菩薩《ぼさつ》がすべて「一生所繋《いっしょうしょごん》の菩薩《ぼさつ》」ということですから、さすがに極楽世界はレベルが違います。

先にも述べましたが、菩薩《ぼさつ》の中でも観音菩薩《かんのんぼさつ》さまや弥勒菩薩《みろくぼさつ》さまといったお寺でお祀りされるような菩薩《ぼさつ》さまは、もうあと一歩で仏さまになれる最終段階にきている尊い存在であるだけでなく、実はすでに仏さまの境地に達しているけれども、あえて衆生《しゅじょう》を救うために俗世に身を置いているのだとも考えられ、むしろ如来《にょらい》さまより尊ばれさえしています。

極楽世界の僧侶や菩薩《ぼさつ》さまはみな仏さままであと一歩のところにきている、あるいは仏さまと同等の境地に達している存在であり、そういう方々が数えきれないほどおられることが述べられています。

又舍利子若諸有情生彼土者皆不退轉必不復墮諸險悪趣邊地下賤蔑戾車中常遊諸佛清浄國土殊勝行願念念増進決定當證阿耨多羅三藐三菩提舍利子彼佛土中成就如是功徳荘嚴甚可愛樂是故名為極樂世界

また舍利子《しゃりし》よ、もし諸《もろもろ》の有情《うじょう》がかの土に生すればみな不退転にして必ずまた諸の険悪趣《けんあくしゅ》・辺《へん》地《じ》・下賤《げせん》・蔑戾車《むれっちゃ》の中に堕《だ》せず　常に諸仏の清浄《しょうじょう》なる国土に遊びて、殊勝《しゅしょう》の行願《ぎょうがん》は念念に増進して決定してまさに阿耨多羅三藐三菩提《あのくたらさんみゃくさんぼだい》を証すべし
舍利子《しゃりし》よ、かの仏の浄土はかくのごとき功徳荘厳《くどくしょうごん》が成就していてはなはだ愛楽《あいぎょう》すべきである
このゆえに名づけて極楽世界となすのである

さきほどの声聞・菩薩《ぼさつ》はすでに極楽世界に在る存在でしたが、ここではこれから極楽に生まれるもの、あるいは今極楽に生まれたものについて述べられます。

彼らはみな不退転、つまりもう迷いの世界に戻ることはなく、餓鬼道《がきどう》や地獄などの悪道（悪趣）に堕ちることもなく、常に仏さまのそばで心躍りながら仏道に励むことができ、迷いなく揺らぎなく、この上ない悟りに至ることができると説かれています。

往生の勧め

又舍利子若諸有情聞彼西方无量壽佛清浄佛土无量功徳衆所荘嚴皆應發願生彼佛土所以者何若生彼土得與如是无量功徳衆所荘嚴諸大士等同一集會受用如是无量功徳衆所荘嚴清浄佛土大乘法樂常无退轉无量行願念念増進速證无上正等菩提故舍利子生彼佛土諸有情類成就无量无邊功徳

また舎利子《しゃりし》よ、もし諸《もろもろ》の有情《うじょう》かの西方無量寿仏《さいほうむりょうじゅぶつ》の清浄《しょうじょう》なる仏土の無量の功徳衆に荘厳《しょうごん》せられるのを聞くならば　みなまさにかの仏土に生じることを発願すべきである

所以《ゆえん》は何か、もしかの土に生じればかくのごときの無量の功徳衆に荘厳されるところの諸大士らと同一に集会することを得る　かくのごときの無量の功徳衆に荘厳されるところの清浄《しょうじょう》なる仏土の大乗の法楽を受用して、常に退転することなく、無量行願《むりょうぎょうがん》が念念に増進し、速やかに無上なる正等菩提《しょうとうぼだい》を証するが故である

舎利子《しゃりし》よ、かの仏土に生じる諸の有情《うじょう》の類は無量にして無辺の功徳を成就するのである

極楽世界はこのようにすばらしいところなので、私たちはそこに生まれるように心をおこさなければならない、そこに生まれるならば、すでに仏の境地に達しているような声聞《しょうもん》・菩薩《ぼさつ》ら先達《せんだつ》たちとともに励むことができ、迷いなく揺らぎなく、この上ない悟りに至ることができる、と説かれています。

「諸の大士等《だいしとう》」は、すぐれた声聞《しょうもん》・菩薩《ぼさつ》たちだけを指すのではなく、「等」とあることと、羅什《らじゅう》が「諸の上善人《じょうぜんにん》」と訳したこともあって、先に極楽往生した者たちも含まれると解釈され、極楽に行けば父母兄妹や懐かしい人達に会えるとして喜ばれたようです。

羅什《らじゅう》訳『阿弥陀経《あみだきょう》』ではこの段に「倶会一処《くえいっしょ》」という言葉があり、(極楽で)倶《とも》に一つの処《ところ》で出会いたいと願う人々によって、お唱えされたり、墓碑に刻まれたりしてこの言葉は大切にされました。

コラム肆

人間だれしも間違いはあるもので、姫さまのお写経にも大きく間違いをしてしまった形跡が残っています。それがこの部分で「功徳衆所庄嚴清浄佛圡」と書いていますが、「衆所庄」の三字がずいぶん詰まってつぶれているように見えます。どうやら「所」の字を脱字し、「功徳衆庄嚴清浄佛圡」と書いてしまったことにあとで気づいて修正しているようなのです。

写経の誤字脱字の訂正の仕方にはいくつか方法があり、通常は誤字・脱字した箇所の横に印をつけ、その同じ行の欄外余白に正しい字を書くという方法が一般的で、おそらく奈良時代の官立の写経所もそうしていたと思います。しかし、中将姫《ちゅうじょうひめ》さまはそうした方法を用いずに、脱字した部分を丁寧に削り取って、その上に書き直しているのです。二字分のスペースに三字を放り込んでいるので一文字がつぶれてしまうのは致し方のないところです。

中将姫《ちゅうじょうひめ》さまにとって不名誉なことでしょうから、あまり公開したくないところではありますが、「弘法も筆の誤り」といいますか、中将姫《ちゅうじょうひめ》さまの人間らしいところと愛らしく感じていただけたらと思います。

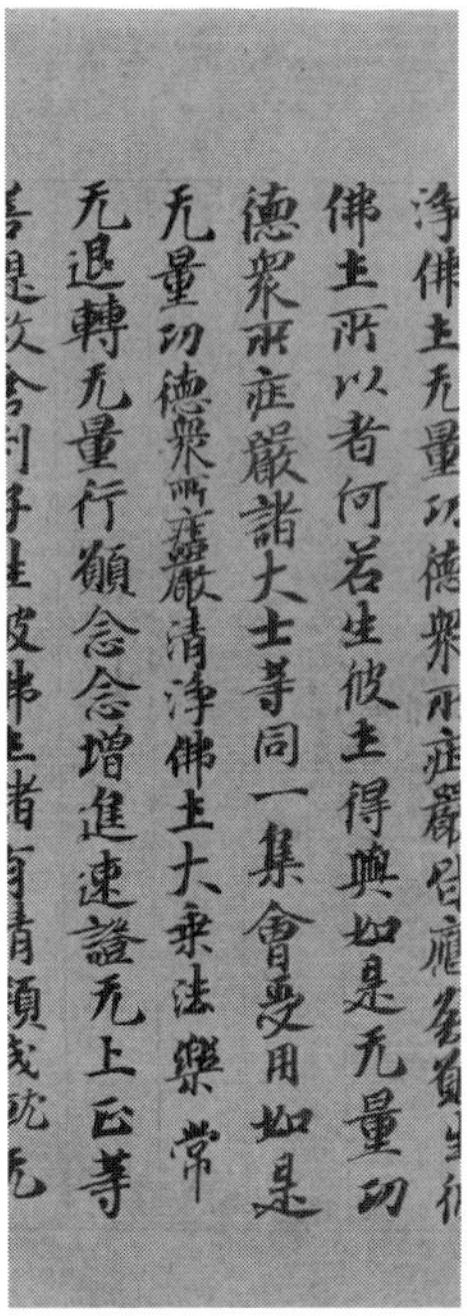
淨佛土无量功德衆所莊嚴應當發願生彼
佛土所以者何若生彼土得與如是无量功
德衆所莊嚴諸大士等同一集會受用如是
无量功德衆所莊嚴清淨佛土大乘法樂常
无退轉无量行願念念增進速證无上正等
菩提故舍利子生彼佛土諸有情類成就无

非少善根諸有情類當得往生无量壽佛極樂世界清浄佛土

少善根《しょうぜんこん》の諸の有情《うじょう》の類はまさに無量寿仏の極楽世界清浄仏土《しょうじょうぶつど》に往生することを得るべきにあらざるなり

しかしここで、少しばかりの善根《ぜんこん》（よい果報《かほう》を得られるような善行《ぜんぎょう》）では極楽世界に生まれることはできないと説かれます。浄土教は「易行《いぎょう》（やさしい行《ぎょう》）」として広まりましたが、実はお釈迦《しゃか》さまは「簡単ではない」「怠ってはいけない」とクギを刺しています。

又舎利子若有浄信諸善男子或善女人得聞如是无量壽佛无量无邊不可思議功徳名号極樂世界功徳庄嚴聞已思惟若一日夜或二或三或四或五或六或七繫念不亂是善男子或善女人臨命終時无量壽佛與其无量聲聞弟子菩薩衆俱前後圍繞来住其前慈悲加祐令心

不亂既捨命已隨佛衆會生无量壽極樂世界清淨佛土

また舎利子《しゃりし》よ、もし浄信《じょうしん》の諸善男子《ぜんなんし》あるいは善女人《ぜんにょにん》あってかくのごとき無量寿仏《むりょうじゅぶつ》の無量にして無辺不可思議なる功徳の名号《みょうごう》・極楽世界の功徳荘厳《くどくしょうごん》を聞くことを得て、聞きおわって思惟《しゆい》することもし一日夜あるいは二あるいは三あるいは四あるいは五あるいは六あるいは七、念を繋《か》けて乱れなければ、この善男子あるいは善女人、命終わる時に臨んで無量寿仏《むりょうじゅぶつ》はその無量の声聞《しょうもん》の弟子・菩薩衆《ぼさつしゅう》とともに前後に囲繞《いにょう》しこの前に来住し慈悲を加祐《かゆう》し心をして乱れさせない すでに捨命《しゃみょう》をしおわって仏の衆会に随《したが》って無量寿の極楽世界清浄《しょうじょう》仏土に生じるのである

どのように簡単ではないのか。無量寿仏《むりょうじゅぶつ》の名号《みょうごう》と極楽世界のすばらしさを聞き、聞いて心の中で深く考え、一日、二日、三日、四日、五日、六日、七日と、心を散乱させることなく念の行《ぎょう》を続けるならば、臨終のときに無量寿仏《むりょうじゅぶつ》がたくさんの聖衆《しょうじゅ》とともに来住《らいじゅう》されるでしょう。と説かれています。

羅什《らじゅう》の『阿弥陀経《あみだきょう》』では、この箇所が「名号《みょうごう》を執持《しゅうじ》すれば」と訳されており、それを「南無阿弥《なむあみ》陀仏《だぶつ》と唱えれば」と解釈されることがあるようですが、梵《ぼん》本を直訳すると「阿弥陀仏の名を聞い

て、心の中で深く思念すれば」となり、玄奘三蔵《げんじょうさんぞう》は「無量寿仏《むりょうじゅぶつ》の無量にして無辺不可思議なる功徳の名号《みょうごう》と極楽世界の功徳荘厳を～思惟《しゆい》すれば」と訳しています。

ここで説かれている心の中で深く思念する「思惟《しゆい》」という行為は実は瞑想行を指しています。ここまで「念」「作意」と表されてきた行為も〝心を専一にして仏さまの教えに思いをこらす行〟であり、瞑想行を指していたのです。

『称讃浄土経《しょうさんじょうどきょう》』とともに中将姫《ちゅうじょうひめ》が大切にし、當麻曼荼羅《たいままんだら》のもととなった『観無量寿経《かんむりょうじゅきょう》』は、詳しくは「観極楽国土無量寿仏観世音菩薩大勢至菩薩（経）」といいます。「極楽国土と無量寿仏《むりょうじゅぶつ》などを観じる教え」という意味で、〝観じる〟とは「心に思い浮かべて静かに観察する」ということですから、お経のタイトルがすでに瞑想行をあらわしたものになっています。

『称讃浄土経《しょうさんじょうどきょう》』ではお釈迦《しゃか》さまは前半で極楽世界のようすを説き、中盤以降からそれを思念する「念」「作意」「思惟《しゆい》」を説いていますが、『観無量寿経《かんむりょうじゅきょう》』でのお釈迦《しゃか》さまは極楽世界のようすを具体的に説くその度ごとに「水想を作《な》せ」「宝樹を観ぜよ」「まさに仏を想うべし」「観世音菩薩《かんぜおんぼさつ》を観るべし」と説いていて、お釈迦《しゃか》さまが極楽世界のようすを説くのは〝心を専一にして思いを凝らす行〟のためであることが、明確に示されています。

つまり『観無量寿経《かんむりょうじゅきょう》』は、呼吸を調えて心に極楽世界の光景を思い浮かべる瞑想行が説かれているのです。これを「観想念仏《かんそうねんぶつ》」といいます。今では「念仏」といえば南無阿弥陀仏《なむあみだぶつ》などの名号《みょうごう》をお唱えする「称名念仏《しょうみょうねんぶつ》」を指すようになりましたが、お経の中で「念」や「念仏」といえばむしろ「観想念仏」を指しており、〝心を専一にして仏さまの教えに思いをこらす行〟を指しているのです。

ここへきて、たいへん厳しいことをお釈迦《しゃか》さまがもち出しました。何日も何日も瞑想行に励み、そして「心が乱れなければ」とまでおっしゃっています。お釈迦《しゃか》さまが悟りを開いてブッダとなったのも瞑想行によってですから、仏教で瞑想行が尊ばれるのは当然のことです。しかし瞑想行を深く修するのはそう簡単なことではありません。

いったい私たちはどうすればいいのでしょうか。次の段落以降にそのヒントが登場します。

十方世界の諸仏がこの教えを称讃する

又舍利子我観如是利益安樂大事因縁説誠諦語若有
浄信諸善男子或善女人得聞如是无量壽佛不可思議
功徳名号極樂世界浄佛土者一切皆應信受發願如説
脩行生彼佛土

また舎利子《しゃりし》よ、われかくのごとき利益《りやく》と安楽と大事因縁を観て誠諦《じょうたい》の語を説く　もし浄信《じょうしん》のもろもろの善男子あるいは善女人あってかくのごとき無量寿仏《むりょうじゅぶつ》の不可思議なる功徳の名号《みょうごう》・極楽世界の浄仏土を聞くことを得る者は、一切みなまさに信受して発願し、説のごとくに修行して、かの仏土に生じるべきである

お釈迦《しゃか》さまがここで宣言します。

「今こうして無量寿仏《むりょうじゅぶつ》と極楽世界のすばらしさを聞いた者たちよ、みな心を込めて信じ、心に受け止めて体感し、極楽に生まれたいという願いを起こし、修行すべきである」と。

「信受《しんじゅ》」という言葉がこれから何度も出てきますが、信《しん》は信じるということ、受《じゅ》はよく理解して受け止めるということであります。

ここまでは「念」「作意」「思惟《しゆい》」という行《ぎょう》、つまり自分自身の力で精進《しょうじん》努力することしか出てきませんでしたが、ここで「信」という仏さまからの「助け舟」が登場したのです。

自分ひとりだけの力で物事を為《な》すのは大変難しいことです。だから私たちは信仰《しんこう》をし、仏さまを日々拠《よ》りどころとして願うわけです。修行に限らず日常生活においても、自分の力だけではどうにもならないということはたくさんあるわけですから、そんなときに頼れる存在（拠りどころ・心の支え）をもっておくのが大切であろうと思います。

自分ひとりではどうにもならないことは家族に甘える・友人に頼る、そういう人がいなければ神仏にゆだねるのです。自力ではどうにもならないことは他力に頼る。そしてもちろん、他力に任せるばかりではなく自分でもできる限りの努力をする。このバランスで人は前にすすんでいけるのではないかと思います。

あらためて「信受」ということを念頭に置きながらひとつ前の段落を読み返してみましょう。

「無量寿仏《むりょうじゅぶつ》の無量にして無辺不可思議なる功徳の名号《みょうごう》」を思惟《しゆい》せよ、と説かれています。尊い意味と功徳が込められた「無量寿仏《むりょうじゅぶつ》」というお名前を深く思いなさいということです。そしてここでは「無量光仏《むりょうこうぶつ》」というお名前は省略されていますが、「無辺」というのは広さの無限であることをあらわしていますので、阿弥陀《あみだ》さまの光明の広さをあらわす「無量光」にも思いを馳せなければなりません。「無量寿」「無量光」という尊いお名前をもった仏さまがおられることをあらためて思い、そのようなありがたい仏さまに加護を受けられるということに喜びを感じるということでよいのだと思います。そして「極楽世界の功徳荘厳《くどくしょうごん》」を思惟《しゆい》しなさいということは、これまでにお釈迦《しゃか》さまが述べてこられたすばらしい極楽世界に思いを馳せ、その救いを受けることができるという喜びを感じるということでよいのだと思います。

「念を繋《か》けて乱れなければ」というのも、本来は深い瞑想行に乱れることなく集中するということだとは思いますが、「信受」ということであれば、仏さまの救いを一心に信じて思いを凝らす、ということでよいのだと思います。

そう考えれば、本格的な観想念仏《かんそうねんぶつ》というのは難しい行であるけれども、ありがたい仏さまを一心に思い浮かべながら名号《みょうごう》を唱えるならば、名号をお唱えするだけの称名念仏《しょうみょうねんぶつ》も〝仏を念じる〟という本来の念仏に近いものになるのではないでしょうか。

中将姫《ちゅうじょうひめ》は仏さまを念じながら一心に写経に打ち込みました。

それこそまさに「信受」の行《ぎょう》であったと思います。厳しい修行ではなく、仏さまに想いを凝らしながら、喜びの心をもって筆を走らせていたのではないでしょうか。私たちも同じように、仏さまを念じながら筆の運びを仏さまに任せてみることで、仏さまに守られているという感覚を感じる時間がもてるのではないかと思います。

「信受」とは、仏さまのご加護を信じながら、それをよりどころに心を専一にして仏さまの教えに思いを凝らすということであると思います。

阿弥陀《あみだ》さまのお名前の意味をかみしめ、阿弥陀《あみだ》さまのお姿や極楽世界の光景をゆったり思い描き、それらの光景を五感・六感で体感するがごとくに深く心にイメージすれば、生きながらに極楽世界に遊ぶかのような心地よい気分を感じることができるのではないかと思います。

コラム伍

ここまで中将姫《ちゅうじょうひめ》さまの文字は線の強弱もそれほど強くなく、丁寧で実直な文字を書いてこられた印象があります。それほど太い線でもないのに、しっかりとした筆致《ひっち》が感じられ、芯の強さをあらわしているような印象がありました。しかしこのあたりから突然に姫さまの筆使《ふでづか》いが大きく変化します。線の強弱がどんどん強くなり、かなり大胆な書きっぷりになるのです。

特に印象的なのが右方向への払いです。「又」や「今」など、右下に払う線がどんどんのびやかに優雅になっていくのです。どうやらそのきっかけとなったのは、「生彼佛土」の「彼」の字のような気がします。この字をきっかけに右方向にのびやかに払う楽しさに気づいたのかもしれません。

あるいは、ここから以降の姫さまの文字は何か解き放たれたような感さえあります。ひょっとしたら、当初は厳しい気持ちで写経に向き合っていたところが、お釈迦《しゃか》さまによる「信」というお諭《さと》しに触れ、大きく心境に変化が生じたのかもしれません。ちょうどこのあと、十方世界の仏さまからの加護が説かれていきます。行《ぎょう》はひとりで行《おこな》っているのではなく、仏さまからの救いがあるのだということをお釈迦《しゃか》さまが示されたことに、喜びと安心を感じ、筆運びが自由にのびやかになっていったのかもしれません。

それとも、ここは全十五回のお写経でいえば第九回になります。先に紹介したように奈良時代の写経生による一日のお写経量の平均が約七枚分であったことを考えると、もしかしたら姫さまの一日のお写経量が約八枚分のこの箇所までであったのかもしれません。一日目のお写経を終えて、多少の緊張感もほぐれたのが二日目にあらわれたのでしょうか。遊び心がでてきたように感じとることもできます。

中之坊《なかのぼう》でお写経を続けていくと、九枚目の四～五行目でその文字の変化を実際に体験します。姫さまの文字を筆でたどりながら、みなさんは姫さまの心境をどんなふうに感じ取るでしょうか。筆運びの変化の理由に想像を膨らませてみるのも、全十五回のお写経の楽しみのひとつであるかと思います。

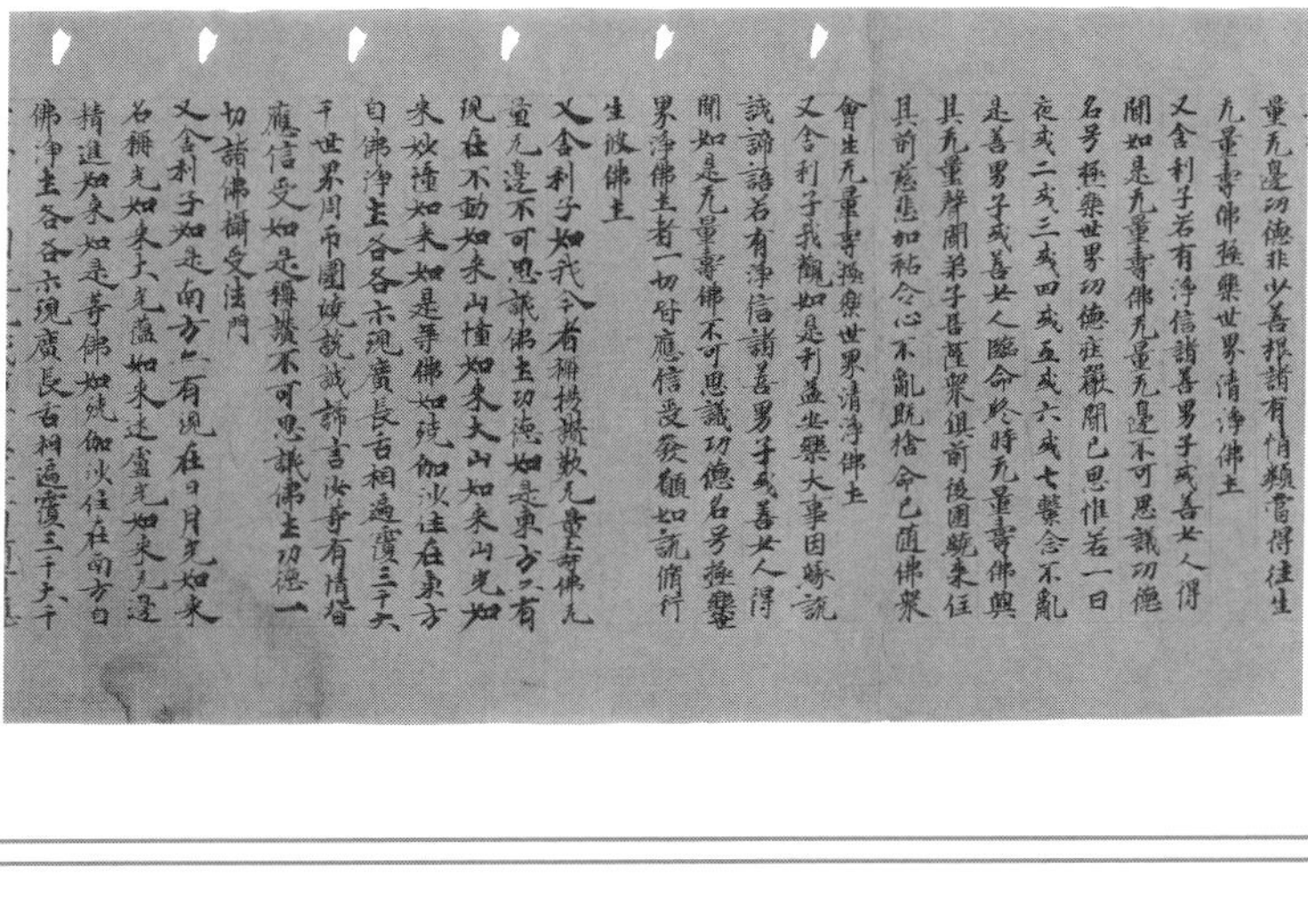
量无邊功徳非少善根諸有情類當得往生
无量壽佛極樂世界清淨佛土
又舍利子若有淨信諸善男子或善女人得
聞如是无量壽佛无量无邊不可思議功徳
名号極樂世界功徳莊嚴聞已思惟若一日
夜或二或三或四或五或六或七繫念不亂
是善男子或善女人臨命終時无量壽佛與
其无量聲聞弟子菩薩衆倶前後圍繞來住
其前慈悲加祐令心不亂既捨命已隨佛衆
當生无量壽極樂世界清淨佛土
又舍利子我觀如是利益安樂大事因緣説
誠諦語若有淨信諸善男子或善女人得
聞如是无量壽佛不可思議功徳名号極樂
界淨佛土者一切皆應信受發願如説修行
生彼佛土
又舍利子如我今者稱揚讃歎无量壽佛无
量无邊不可思議佛土功徳如是東方亦有
現在不動如來山幢如來大山如來山光如
來妙幢如來如是等佛如殑伽沙住在東方
自佛淨土各各示現廣長舌相遍覆三千大
千世界周帀圍繞説誠諦言汝等有情皆
應信受如是稱讃不可思議佛土功徳一
切諸佛攝受法門
又舍利子如是南方亦有現在日月光如來
名稱光如來大光蘊如來迷盧光如來无邊
精進如來如是等佛如殑伽沙住在南方自
佛淨土各各示現廣長舌相遍覆三千大千

又舍利子如我今者稱揚讃歎无量壽佛无量无邊不可思議佛土功德如是東方亦有現在不動如来山幢如来大山如来山光如来妙幢如来如是等佛如殑伽沙住在東方自佛浄土各各示現廣長舌相遍覆三千大千世界周帀圍繞説誠諦言汝等有情皆應信受如是稱讃不可思議佛土功徳一切諸佛攝受法門

また舎利子《しゃりし》よ、我いま無量寿仏《むりょうじゅぶつ》の無量にして無辺の不可思議なる仏土の功徳を称揚《しょうよう》し讃歎《さんたん》するがごとく、かくのごとく東方にもまた現に在して不動如来《ふどうにょらい》・山幢如来《さんどうにょらい》・大山如来《だいせんにょらい》・山光《さんこう》如来《にょらい》・妙幢如来《みょうどうにょらい》あり、かくのごときらの仏は殑伽沙《ごうがしゃ》のごとく東方の自仏浄土に住在して、おのおの広長《こうちょう》の舌相《ぜっそう》を示現《じげん》し、あまねく三千大千世界《さんぜんだいせんせかい》を覆い、周匝《しゅうそう》し囲繞《いにょう》して、誠諦《じょうたい》の言《げん》を説くなんじら有情《うじょう》よ、みなまさにかくのごとき称讃不可思議仏土功徳一切諸仏摂受法門《しょうさんふかしぎぶつどくどくいっさいしょぶつしょうじゅほうもん》を信受すべきであると

さて、ここまではお釈迦《しゃか》さまは西方《さいほう》の無量寿仏《むりょうじゅぶつ》の極楽世界のすばらしさを説き、それを信受すれば仏さまの救いがあることを説いてきました。

ここからは西方の無量寿仏《むりょうじゅぶつ》以外にもあらゆる方向に仏国土があり、それぞれにさまざまな仏さまがおられることが説かれていきます。そしてそれら十方世界の仏さまたち、つまり、東、南、西、北、上、下、東南、西南、西北、東北におられる仏さまたちが、みな口をそろえて「称讃《しょうさん》不可《ふか》思議《しぎ》仏土功徳《ぶつどくどく》一切諸仏摂受《いっさいしょぶつしょうじゅ》法門《ほうもん》」を勧めていると説かれます。

「称讃《しょうさん》不可《ふか》思議《しぎ》仏土功徳《ぶつどくどく》一切諸仏摂受《いっさいしょぶつしょうじゅ》法門《ほうもん》」とはまさに今お釈迦《しゃか》さまが説いている教え、この『称讃浄土経《しょうさんじょうどきょう》』の内容のことであります。

「称讃《しょうさん》不可《ふか》思議《しぎ》仏土功徳《ぶつどくどく》」法門はここまでで説かれた内容を指し、無量寿仏《むりょうじゅぶつ》の極楽世界のすばらしさを説いた内容のことであります。

「一切諸仏摂受《いっさいしょぶつしょうじゅ》」法門はここから説かれる内容を指しますので、この段階ではまだわからないのですが、ここから登場する一切の諸仏が、信受する私たちに対して利益《りやく》される、ということを説く内容になります。

まずは東方。

東方には、不動如来《ふどうにょらい》・山幢如来《さんどうにょらい》・大山如来《だいせんにょらい》・山光如来《さんこうにょらい》・妙幢如来《みょうどうにょらい》などがおられます。これらをはじめとしてガンジス川の砂の数くらい数えきれないほど多くの東方の仏さまがみな西方極楽世界を信受する教えを勧めていると説かれます。

不動如来《ふどうにょらい》は我が国において十三仏《じゅうさんぶつ》の第十一番に数えられる阿閦如来《あしゅくにょらい》のことで、無動如来《むどうにょらい》ともいい、動じない心をもつ仏さまです。阿閦如来《あしゅくにょらい》のほかには、ほとんど聞きなれない仏さまの名前が挙げられています。

山幢如来《さんどうにょらい》・大山如来《だいせんにょらい》・山光如来《さんこうにょらい》と三仏続けてお名前に「山」という字が入っています。この山はスメール山といって古代仏教の世界観において世界の中央にそびえるとされる山で、音写では須弥山《しゅみせん》とよんでいます。

山幢如来《さんどうにょらい》・大山如来《だいせんにょらい》・山光如来《さんこうにょらい》のお名前は、それぞれ「スメール山の幢幡《どうばん》（をもつ仏）」、「大いなる（偉大なる）スメール山（のような徳をもつ仏）」「スメール山の輝き（をもつ仏）」というような意味と捉えればよいと思いますが、羅什《らじゅう》訳では「須弥相仏《しゅみそうぶつ》」「大須弥仏《だいしゅみぶつ》」「須弥光仏《しゅみこうぶつ》」となっており、玄奘《げんじょう》が意訳で須弥山《しゅみせん》の「山」を採用しているのに対し、羅什《らじゅう》は音写で須弥山《しゅみせん》の「須弥」の方を採用しています。アミターユスを「無量寿如来《むりょうじゅにょらい》」と訳した玄奘《げんじょう》と「阿弥陀仏《あみだぶつ》」と訳した羅什《らじゅう》の翻訳の違いがここにもあらわれています。

これらの仏さまたちがみなそれぞれに「称讃《しょうさん》不可思議《ふかしぎ》仏土《ぶつど》功徳《くどく》一切《いっさい》諸仏《しょぶつ》摂受《しょうじゅ》法門《ほうもん》」を信受修行することを勧めるのですが、その際に、巨大な舌で世界を覆いつくして、と表現されています。この表現は、先に紹介した額の白毫《びゃくごう》と同じく、悟りを開いた仏さまが具《そな》える身体的特徴「三十二相」のうちのひとつで「広長舌相《こうちょうぜっそう》」といって、仏さまの舌は顔全体を覆うほど広く大きいというものです。舌が大きくて何がすごいのかと首をかしげてしまうことと思いますが、ここでいう舌とは仏さまの弁舌のことであり、仏さまの説く教えはどこまでも遠くまで響き渡り、多くの衆生《しゅじょう》に届くのだということを象徴的にあらわしているのです。そしてまた、「嘘をつくとエンマさまに舌を抜かれる」という伝えがあるとおり、舌というのは正直の象徴であり舌を出すということは嘘偽りないという証でもあるのです。ですので、舌が広大であるという表現は仏さまの教えが広く衆生《しゅじょう》に届くだけでなく、嘘偽りのない真実であることもあらわしているわけです。

そして仏さまの舌は三千大千世界を覆いつくすと書かれています。さきほど述べました須弥山《しゅみせん》（スメール山）を中心とするひとつの世界が千個集まったのを小千世界といいます。その小千世界が千個集まったのを中千世界といいます。中千世界が千個集まったのを大千世界といいます。

つまりここでいう三千とは、三千個の世界という意味ではなく、千×千×千という意味で、大千世界の中に中千世界、小千世界、を含んでいるので三千大千世界と呼ばれています。

要はあまりにも広大な広い世界を覆いつくすほど仏さまの教えは正しく、そしてどこまでも遠くまで響き渡るのだということをあらわしているのです。

又舍利子如是南方亦有現在日月光如来名稱光如来大光蘊如来迷盧光如来无邊精進如来如是等佛如殑伽沙住在南方自佛浄土各各示現廣長舌相遍覆三千大千世界周帀圍繞説誠諦言汝等有情皆應信受如是稱讃不可思議佛土功徳一切諸佛攝受法門

また舍利子《しゃりし》よ、かくのごとき南方にもまた現に在して日月光如来《にちがっこうにょらい》・名称光如来《みょうしょうこうにょらい》・大光《だいこう》蘊如来《うんにょらい》・迷盧光如来《めいるこうにょらい》・無辺精進如来《むへんしょうじんにょらい》があり、かくのごときらの仏は殑伽沙《ごうがしゃ》のごとく南方の自仏浄土に住在しておのおの広長《こうちょう》の舌相《ぜっそう》を示現《じげん》しあまねく三千大千世界を覆い周匝《しゅうそう》し囲繞《いにょう》して誠諦《じょうたい》の言を説く　なんじら有情《うじょう》よ、みなまさにかくのごとき「称讃《しょうさん》不《ふ》可《か》思《し》議《ぎ》仏土《ぶつど》功徳《くどく》一切《いっさい》諸仏摂受法門《しょぶつしょうじゅほうもん》」を信受すべきであると

次に南方には、日月光如来《にちがっこうにょらい》・名称光如来《みょうしょうこうにょらい》・大光蘊如来《だいこううんにょらい》・迷盧光如来《めいるこうにょらい》・無辺精進如来《むへんしょうじんにょらい》などがおられ、これらをはじめとしてガンジス川の砂の数くらい数えきれないほど多くの南方の仏さまがみな、西方極楽世界を信受する教えを勧めています。

このうち迷盧光如来《めいるこうにょらい》の「迷盧《めいる》」はさきほどのスメール山の「メール」の音写です。東方ではスメール山をすべて「山」と訳した玄奘《げんじょう》でしたが、ここでは音写を用いています。こちらも山とすると山光如来《さんこうにょらい》となって東方の仏と同じ名前になるのでそれを避けたのでしょうか？　羅什《らじゅう》訳では「須弥燈仏《しゅみとうぶつ》」となっており、「光」と「燈」で使い分けています。そのあたりの翻訳の仕方の違いを比べてみるのも興味深いと思います。

こうした仏さまがみな「称讃不可思議仏土功徳一切諸仏摂受法門《しょうさんふかしぎぶつどくどくいっさいしょぶつしょうじゅほうもん》」を信受すべきであると勧めておられます。

ところで、「称讃不可思議仏土功徳一切諸仏摂受法門《しょうさんふかしぎぶつどくどくいっさいしょぶつしょうじゅほうもん》を信受すべき」と説くということは、無量《むりょう》寿仏《じゅぶつ》を尊んで精進することを勧めているわけですから、いいかえれば無量寿仏《むりょうじゅぶつ》のことを褒め称えていると捉えることもできるかと思います。そのことが次の段落で、ある疑問につながっていくことになり、多くの先人たちを悩ませることになったようです。

又舎利子如是西方亦有現在无量壽如来无量蘊如来
无量光如来无量幢如来大自在如来大光如来光焰如

来大寶幢如来放光如来如是等佛如殑伽沙住在西方
自佛浄土各各示現廣長舌相遍覆三千大千世界周帀
圍繞説誠諦言汝等有情皆應信受如是稱讃不可思議
佛土功徳一切諸佛攝受法門

また舎利子《しゃりし》よ、かくのごとき西方にもまた現に在して無量寿如来《むりょうじゅにょらい》・無量蘊如来《むりょううんにょらい》・無量光如来《むりょうこうにょらい》・無量幢如来《むりょうどうにょらい》・大自在如来《だいじざいにょらい》・大光如来《だいこうにょらい》・光焔如来《こうえんにょらい》・大宝幢如来《だいほうどうにょらい》・放光如来《ほうこうにょらい》があり、かくのごときらの仏は殑伽沙《こうがしゃ》のごとく、南方の自仏浄土に住在しておのおの広長《こうちょう》の舌相《ぜっそう》を示現《じげん》し、あまねく三千大千世界を覆い周匝《しゅうそう》し囲繞《いにょう》して誠諦《じょうたい》の言を説く　なんじら有情《うじょう》よ、みなまさにかくのごとき「称讃不可思議仏土功徳一切諸仏摂受法門《しょうさんふかしぎぶつどくどくいっさいしょぶつしょうじゅほうもん》」を信受すべきであると

西方には無量寿如来《むりょうじゅにょらい》・無量蘊如来《むりょううんにょらい》・無量光如来《むりょうこうにょらい》・無量幢如来《むりょうどうにょらい》・大自在如来《だいじざいにょらい》・大光如来《だいこうにょらい》・光焔《こうえん》如来《にょらい》・大宝幢如来《だいほうどうにょらい》・放光如来《ほうこうにょらい》などがおられ、これらをはじめとしてガンジス川の砂の数くらい数えきれないほど多くの南方の仏さまがみな、西方極楽世界を信受する教えを勧めています。

西方の仏さまですので、ここで「無量寿如来《むりょうじゅにょらい》」「無量光如来《むりょうこうにょらい》」が登場します。

しかし「無量寿如来《むりょうじゅにょらい》」「無量光如来《むりょうこうにょらい》」の間に「無量蘊如来《むりょううんにょらい》」という別の仏さまの名がはさまっていることがすこし不思議な感じがします。また、羅什《らじゅう》は『阿弥陀経《あみだきょう》』一巻を通じて「阿弥陀仏《あみだぶつ》」と訳していますが、この箇所だけなぜか「無量寿仏《むりょうじゅぶつ》」と訳しています。

これらのことから、ここで登場する無量寿如来《むりょうじゅにょらい》・無量光如来《むりょうこうにょらい》（羅什《らじゅう》訳では無量寿仏《むりょうじゅぶつ》）と、これまで登場してきた無量寿如来《むりょうじゅにょらい》・無量光如来《むりょうこうにょらい》（羅什《らじゅう》訳では阿弥陀仏《あみだぶつ》）は別の仏さまではないか、という疑問というか解釈が昔からあったようです。

そして「称讃不可思議仏土功徳一切諸仏摂受法門《しょうさんふかしぎぶつどくどくいっさいしょぶつしょうじゅほうもん》」を信受することを勧めることが、無量寿仏《むりょうじゅぶつ》を褒め称えているということでもあるならば、これまでの無量寿仏《むりょうじゅぶつ》とここでの無量寿仏《むりょうじゅぶつ》がもし同じ仏さまであれば自分で自分を褒めていることになるから、仏さまが自画自賛《じがじさん》するのはおかしいのではないか、ということもいわれたようです。

この経典の文章を素直に読めば、十方の仏さまが信受することを勧めているのは「お釈迦《しゃか》さまの教え」であり、西方極楽世界を尊んで信受修行することを勧めているわけですから、「無量寿仏《むりょうじゅぶつ》の西方浄土を私たちが尊んで信受修行すること」を無量寿仏《むりょうじゅぶつ》自身が勧めたとしてもまったく自画自賛ということにはあたらないと思います。「私を信じて修行しなさい」ということが果たして自画自賛にあたるでしょうか？　もし仮に自画自賛にあたるとしても、それでもおかしいというべきことではないと思います。

そもそも「出世間《しゅっせけん》のことを世間《せけん》の常識で判断してはいけない」と私は師から教わりました。出世間とは仏さまの世界であり、迷いを離れた悟りの境地ですから、迷いの世界の私たちの考えを超越した世界であります。なので、私たちの感覚ではあり得ないことだから、仏さまの世界でも同じくあり得ないのだという論理は成立しないということです。また、仏教には「自受法楽《じじゅほうらく》」といって、仏さまが自らの説法によって自らの教えを受け取り、その教えに悦《よろこ》びを感じるという概念もあります。仏さまが自分自身を褒め称えるということがあるはずがないと判断するのはおかしいのです。

経典とは仏さまのお言葉ですから素直にそのまま受け取るべきであります。無量寿如来《むりょうじゅにょらい》さまが無量寿如来《むりょうじゅにょらい》さまのことを褒め称えているのではなく、無量寿如来《むりょうじゅにょらい》さまが〝無量寿如来《むりょうじゅにょらい》さまの極楽世界を尊んで信受する教え〟を勧めているという、書いてある通りのことをそのまま受け取ればよいと思います。

又舍利子如是北方亦有現在无量光嚴通達覚慧如来
无量天鼓振大妙音如来大蘊如来光網如来娑羅帝王
如来如是等佛如殑伽沙住在北方自佛浄土各各示現
廣長舌相遍覆三千大千世界周帀圍繞説誠諦言汝等
有情皆應信受如是稱讃不可思議佛土功徳一切諸佛

摂受法門

また舎利子《しゃりし》よ、かくのごとき北方にもまた現に在して無量光厳通達覚慧如来《むりょうこうごんつうだつかくえにょらい》・無量天鼓振《むりょうてんこしん》大妙音如来《だいみょうおんにょらい》・大蘊如来《だいうんにょらい》・光網如来《こうもうにょらい》・娑羅帝王如来《さらていおうにょらい》があり、かくのごときらの仏は殑伽沙《ごうがしゃ》のごとく南方の自仏浄土に住在しておのおの広長《こうちょう》の舌相《ぜっそう》を示現《じげん》しあまねく三千大千世界を覆い周匝《しゅうそう》し囲繞《いにょう》して誠諦《じょうたい》の言を説く　なんじら有情《うじょう》よ、みなまさにかくのごとき「称讃不可思議《しょうさんふかしぎ》仏土功徳一切諸仏摂受法門《ぶつどくどくいっさいしょぶつしょうじゅほうもん》」を信受すべきであると

北方には無量光厳通達覚慧如来《むりょうこうごんつうだつかくえにょらい》・無量天鼓震大妙音如来《むりょうてんくしんだいみょうおんにょらい》・大蘊如来《だいうんにょらい》・光網如来《こうもうにょらい》・娑羅帝王如来《さらていおうにょらい》などの仏さまがおられます。これらをはじめとしてガンジス川の砂の数くらい数えきれないほど多くの北方の仏さまがみな西方極楽世界を信受する教えを勧めています。

「殑伽沙《ごうがしゃ》」とは直訳すると「ガンジス河の砂」という意味で、その砂の数ほど多い、つまりは「数えきれないほどすごい数」というようなことです。

羅什《らじゅう》は「恒河沙《ごうがしゃ》」と訳しており、先に出てきた那庾多《なゆた》の旧訳《くやく》「那由他《なゆた》」と同じく、この経典に何度も出てくる「不可思議《ふかしぎ》」とともに、現在も数の単位として残っています。このほかに『称讃《しょうさん》

浄土経《じょうどきょう》』には出てきませんが、『観無量寿経《かんむりょうじゅきょう》』などには「阿僧祇《あそうぎ》」という言葉も登場し、数の単位になっています。「不可思議」は「思慮がおよばないほど」という意味であり、「阿僧祇《あそうぎ》」は「数えることができない」という意味で、どの表現もとにかくわけのわからないほど多いという誇張表現ですけれど、いちおうそれぞれに大小があり、恒河沙《ごうがしゃ》→阿僧祇《あそうぎ》→那由他《なゆた》→不可思議《ふかしぎ》の順で大きくなっていきます。

一般に私たちは新聞・テレビなどでも億や兆くらいしか目にすることはなく、スーパーコンピューターの名前で京《けい》を知るくらいのものですが、数の単位としては京《けい》の上には垓《がい》→秭《じょ》→穣《じょう》→溝《こう》→澗《かん》→正《せい》→載《さい》→極《ごく》→恒河沙《ごうがしゃ》と続き、恒河沙《ごうがしゃ》から不可思議《ふかしぎ》は十の五十二乗から六十四乗という数になるそうです。これは経典などに登場するインド・中国の数をあらわすさまざまな表現を、吉田光由《みつよし》という江戸時代の数学者が『塵劫記《じんこうき》』という書物で寛永年間に整理したものだそうで、不可思議《ふかしぎ》の上はもう「無量大数《むりょうたいすう》」しかありません。

「無量大数」を「無量」と「大数」のふたつに分ける説もあるようですし、『華厳経《けごんぎょう》』にはまだまだ上の単位があって「不可説不可説転」が最大だそうで、その数は十の三十七澗《かん》二一八三溝《こう》八三八八穣《じょう》一九七七秭《じょ》六四四四垓《がい》四一三〇京《けい》六五九七兆《ちょう》六八七八億《おく》四九六四万《まん》八一二八乗にもなるとか……。

又舎利子如是下方亦有現在示現一切妙法正理常放
火王勝徳光明如来師子如来名稱如来譽光如来正法
如来妙法如来法幢如来功徳友如来功徳号如来如是
䓁佛如殑伽沙住在下方自佛浄土各各示現廣長舌相
遍覆三千大千世界周帀圍繞説誠諦言汝䓁有情皆應
信受如是稱讚不可思議佛土功徳一切諸佛攝受法門
又舎利子如是上方亦有現在梵音如来宿王如来香光
如来如紅蓮花勝徳如来示現一切義利如来如是䓁佛
如殑伽沙住在上方自佛浄土各各示現廣長舌相遍覆
三千大千世界周帀圍繞説誠諦言汝䓁有情皆應信受
如是稱讚不可思議佛土功徳一切諸佛攝受法門

また舎利子《しゃりし》よ、かくのごとき下方にもまた現に在して示現一切妙法正理常放《じげんいっさいみょうほうしょうりじょうほう》火王勝徳光明《かおうしょうどくこうみょう》如来《にょらい》・師子《しし》如来《にょらい》・名称如来《みょうしょうにょらい》・誉光如来《よこうにょらい》・正法如来《しょうぼうにょらい》・妙法如来《みょうほうにょらい》・法幢如来《ほうどうにょらい》・功徳友如来《くどくゆうにょらい》・功徳《くどく》号如来《ごうにょらい》があり、かくのごときらの仏は殑伽沙《こうがしゃ》のごとく南方の自仏浄土に住在しておのおの広長《こうちょう》の舌相《ぜっそう》を示現《じげん》しあまねく三千大千世界を覆い周匝《しゅうそう》し囲繞《いにゅう》して誠諦《じょうたい》の言を説く　なんじら有情《うじょう》

よ、みなまさにかくのごとき「称讃《しょうさん》不可思議《ふかしぎ》仏土《ぶつど》功徳《くどく》一切《いっさい》諸仏《しょぶつ》摂受《しょうじゅ》法門《ほうもん》」を信受すべきである
と
また舎利子《しゃりし》よ、かくのごとき上方にもまた現に在して梵音如来《ぼんのんにょらい》・宿王如来《しゅくおうにょらい》・香光如来《こうこうにょらい》・如紅蓮《にょぐれん》花勝徳如来《げしょうとくにょらい》・示現一切義利如来《じげんいっさいぎりにょらい》があり、かくのごときらの仏は殑伽沙《ごうがしゃ》のごとく南方の自仏浄土に住在しておのおの広長《こうちょう》の舌相《ぜっそう》を示現《じげん》しあまねく三千大千世界を覆い周匝《しゅうそう》し囲繞《いにょう》して誠諦《じょうたい》の言《げん》を説く　なんじら有情《うじょう》よ、みなまさにかくのごとき「称讃《しょうさん》不可思議《ふかしぎ》仏土《ぶつど》功徳《くどく》一切《いっさい》諸仏《しょぶつ》摂受《しょうじゅ》法門《ほうもん》」を信受すべきであると

下方世界には示現一切妙法正理常放火王勝徳光明如来《じげんいっさいみょうほうしょうりじょうほうかおうしょうとくこうみょうにょらい》・師子如来《ししにょらい》・名称如来《みょうしょうにょらい》・誉光如来《よこうにょらい》・正法《しょうぼう》如来《にょらい》・妙法如来《みょうほうにょらい》・法幢如来《ほうどうにょらい》・功徳友如来《くどくゆうにょらい》・功徳号如来《くどくごうにょらい》などの仏さまがおられます。

上方世界には梵音如来《ぼんのんにょらい》・宿王如来《しゅくおうにょらい》・香光如来《こうこうにょらい》・如紅蓮花勝徳如来《にょぐれんげしょうとくにょらい》・示現一切義利如来《じげんいっさいぎりにょらい》などの仏さまがおられます。

このうち示現一切妙法正理常放火王勝徳光明如来《じげんいっさいみょうほうしょうりじょうほうかおうしょうとくこうみょうにょらい》がこの経典に登場する一番長い名前の仏さまです。當麻寺中之坊《たいまでらなかのぼう》では十二月十六日に仏名礼拝行《ぶつみょうらいはいぎょう》というものをお勤《つと》めします。この行は、清らかな気持ちで新しい一年を迎えるために、その一年を振り返り、反省と懺悔の気持ちで仏さまのお名前

をお唱えしながら立ったり座ったりの礼拝を繰り返す行で、僧侶だけでなく、一般の方々にも参列していただいております。この示現《じげん》一切《いっさい》妙法《みょうほう》正理《しょうり》常放《じょうほう》火王《かおう》勝徳《しょうとく》光明《こうみょう》如来《にょらい》さまは、礼拝行《らいはいぎょう》も百回を数えたころの終盤に登場し、息も切れかかっている時に一息《ひといき》ではお唱《とな》えできない長いお名前であるため、なかなかにみなさまの記憶に残る仏さまです。

　これらをはじめとしてガンジス川の砂の数くらい数えきれないほどの仏さまがみな、西方極楽世界を信受する教えを勧めています。

又舎利子如是東南方亦有現在最上廣大雲雷音王如
来如是䒭佛如殑伽沙東南方自佛浄圡各示現廣長
舌相遍覆三千大千世界周帀圍繞説誠諦言汝䒭有情
皆應信受如是稱讃不可思議佛圡功徳一切諸佛攝受
法門

又舎利子如是西南方亦有現在最上日光名稱功徳如
来如是䒭佛如殑伽沙住西南方自佛浄圡各示現廣
長舌相遍覆三千大千世界周帀圍繞説誠諦言汝䒭有

情皆應信受如是稱讚不可思議佛圡功德一切諸佛攝
受法門

又舍利子如是西北方亦有現在无量功德火王光明如
来如是等佛如殑伽沙住西北方自佛浄圡各各示現廣
長舌相遍覆三千大千世界周帀圍繞説誠諦言汝等有
情皆應信受如是稱讚不可思議佛圡功德一切諸佛攝
受法門

又舍利子如是東北方亦有現在无數百千倶胝廣慧如
来如是等佛如殑伽沙住東北方自佛浄圡各各示現廣
長舌相遍覆三千大千世界周帀圍繞説誠諦言汝等有
情皆應信受如是稱讚不可思議佛圡功德一切諸佛攝
受法門

また舎利《しゃり》子《し》よ、かくのごとき東南方にもまた現に在して最上広大雲雷音王如来《さいじょうこうだいうんらいおんのうにょらい》があり、かくのごときらの仏は殑伽沙《ごうがしゃ》のごとく南方の自仏浄土に住在しておのおの広長《こうちょう》の舌相《ぜっそう》を示現《じげん》しあまねく三千大千世界を覆い周匝《しゅうそう》し囲繞《いにょう》して誠諦《じょうたい》の言《げん》を説く　なんじら有情《うじょう》よ、みなまさにかくのごとき「称讃《しょうさん》不可思議《ふかしぎ》仏土《ぶつど》功徳《くどく》一切《いっさい》諸仏《しょぶつ》摂受《しょうじゅ》法門《ほうもん》」を信受すべきであると

また舎利子《しゃりし》よ、かくのごとき西南方にもまた現に在して最上日光名称功徳如来《さいじょうにっこうみょうしょうくどくにょらい》があり、かくのごときらの仏は殑伽沙《ごうがしゃ》のごとく南方の自仏浄土に住在しておのおの広長《こうちょう》の舌相《ぜっそう》を示現《じげん》しあまねく三千大千世界を覆い周匝《しゅうそう》し囲繞《いにょう》して誠諦《じょうたい》の言《げん》を説く　なんじら有情《うじょう》よ、みなまさにかくのごとき「称讃《しょうさん》不可思議《ふかしぎ》仏土《ぶつど》功徳《くどく》一切《いっさい》諸仏《しょぶつ》摂受《しょうじゅ》法門《ほうもん》」を信受すべきであると

また舎利子《しゃりし》よ、かくのごとき西北方にもまた現に在して無量功徳火王光明如来《むりょうくどくかおうこうみょうにょらい》があり、かくのごときらの仏は殑伽沙《ごうがしゃ》のごとく南方の自仏浄土に住在しておのおの広長《こうちょう》の舌相《ぜっそう》を示現《じげん》しあまねく三千大千世界を覆い周匝《しゅうそう》し囲繞《いにょう》して誠諦《じょうたい》の言《げん》を説く　なんじら有情《うじょう》よ、みなまさにかくのごとき「称讃《しょうさん》不可思議《ふかしぎ》仏土《ぶつど》功徳《くどく》一切《いっさい》諸仏《しょぶつ》摂受《しょうじゅ》法門《ほうもん》」を信受すべきであると

また舎利子《しゃりし》よ、かくのごとき東北方にもまた現に在して無数百千倶胝広慧如来《むすうひゃくせんくていこうえにょらい》があり、かくのごときらの仏は殑伽沙《ごうがしゃ》のごとく南方の自仏浄土に住在しておのおの広長《こうちょう》の舌相《ぜっそう》を示現《じげん》しあまねく三千大千世界を覆い周匝《しゅうそう》し囲繞《いにょう》して誠諦《じょうたい》の言《げん》を説く　なんじら有情《うじょう》よ、みなまさにかくのごとき「称讃《しょうさん》不可思議《ふかしぎ》仏土《ぶつど》功徳《くどく》一切《いっさい》諸仏《しょぶつ》摂受《しょうじゅ》法門《ほうもん》」を信受すべきであると

ここまで東南西北と上下をあわせて六方世界の仏さまが登場したわけですが、ここからは東南西北の間の四維《しい》といわれる方角の仏さまです。四隅といういい方もあります。羅什《らじゅう》訳の『阿弥陀経《あみだきょう》』では六方世界の仏さまで終わりなのですが、玄奘《げんじょう》訳の『称讃浄土経《しょうさんじょうどきょう》』では四維をくわえて十方世界の仏さまが称讃するという展開になっています。

東南方には最上広大雲雷音王如来《さいじょうこうだいうんらいおんのうにょらい》、西南方には最上日光名称功徳如来《さいじょうにっこうみょうしょうくどくにょらい》、西北方には無量功徳火王《むりょうくどくかおう》光明如来《こうみょうにょらい》、東北方には無数百千倶胝広慧如来《むすうひゃくせんくていこうえにょらい》をはじめとするたくさんの仏さまがおられて、みな異口同音《いくどうおん》に西方の極楽世界を信受することを勧めているということです。

だからこそ私たちはその救いと教えを信じ理解して拠り所としながら精進しなさいと説かれているのです。

又舍利子何縁此経名為稱讃不可思議佛土功徳一切諸佛攝受法門舍利子由此経中稱揚讃歎无量壽佛極樂世界不可思議佛土功徳及十方面諸佛世尊為欲方便利益安樂諸有情故各住本土現大神變發誠諦言勸諸有情信受此法是故此経名為稱讃不可思議佛土功

徳一切諸佛攝受法門

また舎利子《しゃりし》よ、何によってこの経を名づけて「称讃不可思議仏土功徳一切諸仏摂受法門《しょうさんふかしぎぶつどくどくいっさいしょぶつしょうじゅほうもん》」とするのか　舎利子《しゃりし》よ、この経の中で無量寿仏《むりょうじゅぶつ》の極楽世界の不可思議なる仏土の功徳を称揚《しょうよう》・讃歎《さんたん》し、および十方面の諸仏世尊がもろもろの有情《うじょう》を方便し利益《りやく》し安楽ならしめんと欲するがための故におのおの本土に住して大神変を現じ誠諦《じょうたい》の言《げん》を発してもろもろの有情にこの法を信受することを勧めるによる

この故にこの経を名づけて「称讃不可思議仏土功徳一切諸仏摂受法門《しょうさんふかしぎぶつどくどくいっさいしょぶつしょうじゅほうもん》」とするのである

四方八方と上下をあわせて十方の仏さまがみな異口同音に「称讃不可思議仏土功徳一切諸仏摂受法門《しょうさんふかしぎぶつどくどくいっさいしょぶつしょうじゅほうもん》」を信受することをお勧めになりました。

ここでお釈迦《しゃか》さまがあらためて「称讃不可思議仏土功徳一切諸仏法門《しょうさんふかしぎぶつどくどくいっさいしょぶつほうもん》」の意味を説明します。

この経の中では、無量寿仏《むりょうじゅぶつ》の極楽世界の功徳を称揚《しょうよう》し讃嘆《さんたん》している、そして、十方の諸仏が多くの衆生《しゅじょう》を救おうとして大いなる力を発揮し、明らかに説き、みながこの教えを信受するように勧めておられる、だから「称讃不可思議仏土功徳一切諸仏摂受法門《しょうさんふかしぎぶつどくどくいっさいしょぶつしょうじゅほうもん》」というのである、とお釈迦《しゃか》さまは

述べています。

お釈迦《しゃか》さまが前半で無量寿仏《むりょうじゅぶつ》と極楽世界のすばらしさを説かれたのが「称讃不可思議仏土《しょうさんふかしぎぶつど》」です。「不可思議」は先に紹介した数の単位だけではなく「不思議」という言葉になって現在も普通に使われています。もともとは「思慮の及ばないほどの」という仏教語であり、人知の及ばないほどすばらしいという表現です。

お釈迦《しゃか》さまが後半で無量寿仏《むりょうじゅぶつ》と極楽世界を思惟《しゆう》する行を説き、十方世界の諸仏がそれを勧めたのが「一切諸仏摂受法門《いっさいしょぶつしょうじゅほうもん》」です。「摂受《しょうじゅ》」とは「摂引容受《しょういんようじゅ》」ともいい、仏さまが私たちを受け入れてくれるということを意味しています。「引き摂って、受け容れてくれる」ということです。つまりそれも信受の「信」と同じで、仏さまの教えを受け入れ、思いを凝らす行をすれば、仏さまが加護を加え利益《りやく》してくださるということをあらわしているのです。

この「称讃不可思議仏土功徳一切諸仏摂受法門《しょうさんふかしぎぶつどくどくいっさいしょぶつしょうじゅほうもん》」の「称讃不可思議仏土功徳《しょうさんふかしぎぶつどくどく》」を略したのが「称讃浄土」で、「一切諸仏摂受」を略したのが「仏摂受」であり、この経のタイトル『称讃浄土仏摂受経《しょうさんじょうどぶつしょうじゅきょう》』となります。

ちなみに羅什《らじゅう》はタイトルこそ『阿弥陀経《あみだきょう》』と翻訳しましたが、この部分では『一切諸仏護念経《いっさいしょぶつごねんきょう》』と訳しており、「称讃浄土」の部分はありませんが、「すべての仏さまが衆生《しゅじょう》を心にかけて守護される教え」であると示されています。

又舍利子若善男子或善女人或已得聞或當得聞或今得聞如是經已深生信解必為如是住十方面十殑伽沙諸佛世尊之所攝受如說行者一切定於阿耨多羅三藐三菩提得不退轉一切定生无量壽佛極樂世界清浄佛土是故舍利子汝等有情一切皆應信受領解我及十方佛世尊語當勤精進如說脩行勿生疑慮

また舎利子《しゃりし》よ、もし善男子あるいは善女人、かくのごとき経を、あるいはすでに聞くことを得、あるいはまさに聞くことを得、あるいは今聞くことを得おわりて、深く信解《しんげ》を生ずるならば、必ずかくのごとく十方面に住する十殑伽沙《ごうがしゃ》の諸仏世尊の摂受するところなる　説のごとく行ずる者は一切定んで阿耨多羅三藐三菩提《あのくたらさんみゃくさんぼだい》において不退転を得、一切定んで無量寿仏《むりょうじゅぶつ》の極楽世界清浄仏土に生じるだろう　かくの故に舎利子《しゃりし》よ、なんじら有情《うじょう》は一切みなまさに我および十方の仏世尊の語を信受し領解《りょうげ》し、まさにつとめて精進し説のごとくに修行して、疑慮《ぎりょ》を生じるなかれ続いてお釈迦《しゃか》さまはこの教えが過去・現在・未来という三世にわたって正しい教えであり、間違いなく仏さまが摂受《しょうじゅ》してくれると強調されます。

「あるいはすでに聞くことを得《え》、」「あるいはまさに聞くことを得《え》、」「あるいは今聞くことを得《え》おわりて」というのがそれぞれ過去・未来・現在を指しています。

過去にこの教えを聞いた者たちも、これから先この教えを聞くことになる者たちも、今まさにこの教えを聞いた私たちも、みな心に深く信じ理解しようとすれば、必ずや十方世界の数えきれない仏さまの救いと利益《りやく》があるということです。

そして今お釈迦《しゃか》さまから聞いた教えの通りに修行するならば、もはや迷いの世界に戻ることはなく、無量寿仏《むりょうじゅぶつ》の清らかな極楽世界に生まれることができる、だから今お釈迦《しゃか》さまが説かれたこと、十方の仏さまが説くところを疑うことなく信じて精進修行すべきなのである、と説かれています。

又舍利子若善男子或善女人於无量壽極樂世界清浄
佛土功德莊嚴若已發願若當發願若今發願必為如是
住十方面十殑伽沙諸佛世尊之所攝受如説行者一切
定於阿耨多羅三藐三菩提得不退轉一切定生无量壽
佛極樂世界清浄佛土是故舍利子若有浄信諸善男子

或善女人一切皆應於无量壽極樂世界清浄佛土深心信解發願往生勿行放逸

また舎利子《しゃりし》よ、もし善男子あるいは善女人、無量寿極楽世界清浄仏土の功徳荘厳《くどくしょうごん》において、もしくは願を発しおわり、もしくはまさに願を発し、もしくは今願を発せば、必ずかくのごとき十方面住する十殑伽沙《ごうがしゃ》の諸仏世尊の摂受するところとなる　説のごとく行ずる者は一切定んで阿耨多羅三藐三菩提《あのくたらさんみゃくさんぼだい》において不退転を得て、一切定んで無量寿仏《むりょうじゅぶつ》の極楽世界清浄仏土《しょうじょうぶつど》に生じるだろう　この故に舎利子《しゃりし》よ、もし浄信あるもろもろの善男子あるいは善女人あれば一切みなまさに無量寿極楽世界の清浄仏土《しょうじょうぶつど》において深く心に信解し発願《ほつがん》して往生し、放逸《ほういつ》を行ずるなかれ

この段落は前の段落とほとんど同じ構成になっていますが、過去・現在・未来の三世にわたって「発願《ほつがん》」することの大切さを説いています。発願とは「願いをおこす」ということですが、「決意して、誓いを立てる」という意味まで含んでいます。私たちの現在の感覚では「願いをおこす」というより「志を立てる」という方が近いかもしれません。

志を立ててお釈迦《しゃか》さまの教えの通りに修行するならば、もはや迷いの世界に戻ることはなく、無量《むりょう》

寿仏《じゅぶつ》の清らかな極楽世界に生まれることができる、だから今お釈迦《しゃか》さまが説かれたこと、十方の仏さまが説くところを信じて怠《おこた》ることなく精進修行すべきなのである、と説かれています。

ここでいう「修行」とは「心を専一にして仏さまと仏さまの教えに思いをこらす」ということで、決して厳しい修行のことだと捉えなくてよいと思います。

このあたりの数段は割と厳しいことや難しいことが説かれていますが、要は信じて思惟《しゆい》しなさいということですので、この経の前半で説かれたような無量寿仏《むりょうじゅぶつ》のありがたさや極楽世界のすばらしさに思いを馳せ、自分自身が極楽世界に生まれたようなイメージを膨らませればよいのです。ゆっくりと息を吐いて呼吸を整え、仏さまと極楽世界に思いをこらせば、仏さまの懐《ふところ》にいだかれるような心地よい感覚を得られるのではないかと思います。

前段では「疑慮《ぎりょ》を生《しょう》ずるなかれ」と疑うことを戒《いまし》め、当段では「放逸《ほういつ》を行《ぎょう》ずるなかれ」と怠ることを戒めています。

ここでの「放逸」は「怠ること」を意味していますが、一般用語で「放逸」とは「勝手気まま、無遠慮、節度がない、手荒で乱暴」ということでもありますので、ここでもあえてそういう意味で捉えて、日常の生活態度を正すよう気持ちを改めるのもよいかと思います。仏教で修行とともに戒律が重んじられるのは生活態度を正しくするということが心を調《ととの》えるのに大切だからです。生活の乱れたものに心が調うはずがありません。

ですので「深く心に信解し、発願して往生し、放逸を行ずるなかれ」とは、日常生活を正し、信受しなさい、ということでもあると思います。深く神仏に感謝しながら、心身を清くして、穏やかな生活を送れば、難しい瞑想行をしなくても、仏さまの加護を受けているという実感を得て、その生活がそのまま安らぎと喜びになるのではないかと私は思います。

中将姫《ちゅうじょうひめ》さまの筆跡は、厳格な美文字から自由でのびやかな文字に変化しました。お写経によって仏さまに身をゆだねながらゆっくりと筆を運んでいられるとき、中将姫《ちゅうじょうひめ》さまはとても幸せな気分でおられたのではないでしょうか。

仏道の修行というのは安らぎを得るための〝手段〟なのではなく、信受する生活そのものが喜びであり安らぎなのではないかと私は思います。

又舎利子如我今者稱揚讃歎无量壽佛極樂世界不可
思議佛土功徳彼十方面諸佛世尊亦稱讃我不可思議
无邊功徳皆作是言甚奇希有釋迦寂静釋迦法王如来

應正等覚明行円満善逝世間解无上丈夫調御士天人師佛世尊乃能於是堪忍世界五濁悪時所謂劫濁諸有情濁諸煩悩濁見濁命濁於中證得阿耨多羅三藐三菩提為欲方便利益安樂諸有情故説是世間極難信法是故舎利子當知我今於此雑染堪忍世界五濁悪時證得阿耨多羅三藐三菩提為欲方便利益安樂諸有情故説是世間極難信法甚為希有不可思議

また舎利子《しゃりし》よ、我がいま無量寿仏《むりょうじゅぶつ》の極楽世界の不可思議なる仏土の功徳を称揚《しょうよう》し讃歎《さんたん》するがごとくかの十方面の諸仏世尊もまたわが不可思議で無辺なる功徳を称讃してみなこの言を作す「はなはだ奇《くす》しく希有《けう》である、釈迦寂静《しゃかじゃくじょう》よ、釈迦法王《しゃかほうおう》・如来《にょらい》・応《おう》・正等覚《しょうとうがく》・明行《みょうぎょう》・円満《えんまん》・善逝《ぜんぜい》・世間解《せけんげ》・無上丈夫《むじょうじょうぶ》・調御士《じょうごし》・天人師《てんにんし》・仏世尊《ぶっせそん》よ、すなわちよく堪忍世界において五濁悪時《ごじょくあくじ》のいわゆる劫濁《こうじょく》・諸有情濁《しょうじょうだく》・諸煩悩濁《しょぼんのうだく》・見濁《けんじょく》・命濁《みょうじょく》のなかにおいて阿耨多羅三藐三菩提《あのくたらさんみゃくさんぼだい》を証得し、方便して諸有情《うじょう》を利益《りやく》し安楽ならしめんと欲するがための故にこの世間極難信《せけんごくなんしん》の法を説いたものである」とさて、これまでお釈迦《しゃか》さまは極楽世界のすばらしさを説き、それを褒め称えましたが、それと同じように十方の仏さまもお釈迦《しゃか》さまを褒め称えていることが示されます。

その時に十方の諸仏がお釈迦《しゃか》さまに呼びかける「釈迦如来《しゃかにょらい》よ」という呼びかたがたいへん丁寧で、たくさんの尊称《そんしょう》が重ねられています。

まずは「釈迦寂静《しゃかじゃくじょう》」（涅槃寂静《ねはんじゃくじょう》の境地に達した存在）、次に「釈迦法王《しゃかほうおう》」（教えの王）。

そのあと、仏《ほとけ》の十号《じゅうごう》が続きます。無量寿仏《むりょうじゅぶつ》の時には、「如来《にょらい》」「応供《おうぐ》」「正等覚《しょうとうがく》」までしか挙げられていませんでしたが、ここでは十号とも挙げられています。

「如来《にょらい》」（真理から来た者）
「応供《おうぐ》」（尊敬を得るに値する者）
「正等覚《しょうとうがく》」（正しい悟りを得た者）
「明行足《みょうぎょうそく》」（智慧と行を円満する者）
「善逝《ぜんぜい》」（良く到達した者）
「世間解《せけんげ》」（世間を解脱《げだつ》した者）
「無上丈夫《むじょうじょうぶ》」（この上ない者）
「調御士《じょうごし》」（悟りに至らしめる者）
「天人師《てんにんし》」（天の神と人にとっての師）
「仏世尊《ぶつせそん》」（この上なく尊い仏）

このように十方世界の仏さまがお釈迦《しゃか》さまを最上の尊称で呼んだ後、「よくぞこの迷いの世界で悟りを開いたものだ、そして、衆生《しゅじょう》のためにこの信じがたい教えを説いたものだ」とお釈迦《しゃか》さまを褒め称えておられるのです。

仏さまの世界ではお互いがお互いを称《たた》えあうという美しいことが行われているわけです。

堪忍《かんにん》世界とか五濁悪時《ごじょくあくじ》という言葉は、仏さまの悟りの世界に対して、私たちのこの世は忍び難い苦の世界であり濁った時代であることを表した言葉で、浄土に対して穢土《えど》といういい方もありますが、私は真言密教《しんごんみっきょう》の修行者ですので、あまりこういう表現を強調するのは好みではありません。密教では、この世のすべてには仏さまの命が宿っていて、本来は清浄《しょうじょう》であるという考え方です。蓮が汚泥の中にありながらその泥の中から発芽し清らかな花を咲かせるように、私たちも迷いの心の奥にある仏さまの心がやがて芽生え、ついには花を咲かせることが可能である。だから私たちも信受して精進すれば、この身のままで仏さま、菩薩《ぼさつ》さまに近づくことができるし、みなが菩薩《ぼさつ》さまの心をもてば、堪忍世界と呼ばれるこの世界もそのまま清らかな世界となる、というのが仏さまの教えであると思います。

又舎利子於此雑染堪忍世界五濁悪時若有浄信諸善

男子或善女人聞説如是一切世間極難信法能生信解
受持演説如教脩行當知是人甚為希有无量佛所曾種
善根是人命終定生西方極樂世界受用種種功徳莊嚴
清浄佛土大乗法樂日夜六時親近供養无量壽佛遊歴
十方供養諸佛於諸佛所聞法受記福慧資糧疾得圓満
速證无上正等菩提

また舎利子《しゃりし》よ、この雑染《ぞうぜん》の堪忍世界の五濁悪時《ごじょくあくじ》において、もし浄信あるもろもろの善男子あるいは善女人あって、かくのごときの一切の世間極難信《せけんごくなんしん》の法を聞き、よく信解《しんげ》を生じ、受持し演説して、教のごとくに修行するならば、まさに知るべし、この人ははなはだ希有《けう》であり、無量の仏の所にてかねて善根を種《う》えるこの人、命終《みょうじゅう》し定んで西方極楽世界に生じ、種種《しゅじゅ》の功徳《くどく》荘厳清浄仏土《しょうごんしょうじょうぶつど》の大乗の法楽《ほうらく》を受用し、日夜六時に無量寿仏《むりょうじゅぶつ》に親近し供養して、十方に遊歴して諸仏を供養し、諸仏の所において法を聞き受記される　福・慧《え》の資糧、疾《と》く圓満《えんまん》することを得て、速やかに無上なる正等菩提《しょうとうぼだい》を証するのである

「シャーリプトラよ」という、呼びかけもいよいよ最後となりました。これまでのまとめのような

ことがあらためて述べられています。

このような苦《く》を堪《た》え忍《しの》び難《がた》い世界の濁《にご》った時代でありながら、このお釈迦《しゃか》さまの信じがたくありがたい教えを聞いた私たちは、よく信解《しんげ》し、受持《じゅじ》し、広く説き、教えのごとくに修行するということは、それは有り難いこと(「希有《けう》」)であり、仏さまに祝福されるような尊い徳を積んでいる(「種《しゅ》善根《ぜんこん》」)のであり、また、今生《こんじょう》が終わった時には西方極楽世界に生まれることが約束され、無量寿仏《むりょうじゅぶつ》さまのもとで教えを愉《たの》しみ、この上ない悟りに至ることができる、ということです。

「信解《しんげ》・受持《じゅじ》」はこれまで説かれてきた「信受」でありますが、それにあわせて最後に「演説《えんぜつ》」ということが出てきました。お釈迦《しゃか》さまが悟りを自分だけにとどめずに人に伝えられたように、私たちもすばらしい教えを広くほかの人にも伝えるべきということです。

しかしそれはわざわざ仏教の教義を他人に説いて広めようとするような、つまりまるで宗教の勧誘のようなことを勧めているのではなく、信受を喜びとして生活すれば、心が調《ととの》い活き活きと前を向いて生活できるはずです。その晴れやかで美しい姿を人々が目にすれば、自然とそのよい空気が相手にも伝わり、善いことが広がっていきますから、それが自然と法《ほう》を伝えることになるのではないかと思います。

時薄伽梵説是経已尊者舎利子等諸大声聞及諸菩薩
摩訶薩衆無量天人阿素洛等一切大衆聞仏所説皆大
歓喜信受奉行

時薄伽梵説是経已尊者舎利子等諸大聲聞及諸菩薩
摩訶薩衆无量天人阿素洛等一切大衆聞佛所説皆大
歓喜信受奉行

時に薄伽梵《ばがぼん》、この経を説きおわり、尊者舎利子《そんじゃしゃりし》らもろもろの大声聞《だいしょうもん》およびもろもろの菩薩《ぼさつ》
摩訶薩衆《まかさつしゅう》・無量の天・人・阿素洛《あそら》等の一切の大衆、仏の説くところを聞いてみな大いに歓喜し
信受して奉行したのでした

以上で、お釈迦《しゃか》さまは「称讃浄土仏摂受《しょうさんじょうどぶつしょうじゅ》」の教えを説き終わりました。シャーリプトラをはじめとするたくさんの大声聞《だいしょうもん》たち、菩薩《ぼさつ》たち、天道・人間道・修羅道の衆生《しゅじょう》たちなどの聴衆すべてがみなその教えを聞いて大いに歓喜しています。そしてみなおのおの信受して、行《ぎょう》を奉《ほう》じられたのでした、と説かれてこの経典は終了です。

前段で「希有《けう》」という言葉が出てきていますが、仏さまの尊い教えにもご縁がなければ触れることができません。「人身受《う》け難《がた》し、いますでに受《う》く。仏法遇《あ》い難《がた》し、いますでに遇《あ》う」という言葉があります。輪廻《りんね》する中で人間に生まれたことも、その中で仏さまの教えに出会えたことも簡単ではなく、それ自体が〝ありがたい〟ことなのです。

教えを聞くことを法悦《ほうえつ》といいます。経典の最後で聴衆がみな歓喜しているのはまさにありがたい教えに出会えた悦びであります。

私たちも今まさに、『称讃浄土経《しょうさんじょうどきょう》』一巻を読み終えました。

その内容は、お釈迦《しゃか》さまが極楽世界を称讃し、それを信受することを勧め、十方の諸仏もその教えを讃嘆し、信受を勧めるというものでした。そして、信受することの大切さとともに、それを演説することも教示されていました。

日々の生活の中でいつも天地の恵みに感謝し、神仏の加護を思いながら、ゆったりと生きるだけでも信受の生活であろうと思いますし、そうして生き生きとした姿で人に接するのも演説の生活であろうと思います。中将姫《ちゅうじょうひめ》が写経によって信受の行を続けたように、写経や法要に参加したりするのも信受の行でありますし、それらを楽しむこと自体も演説でしょう。

経典の最後で聴衆たちがみな法悦《ほうえつ》に歓喜しているように、私たちもまたこのありがたい稀有《けう》の機会を今得ていることを悦びとし、晴れやかな毎日を過ごしていきたいものです。

称讃浄土仏摂受経

中将姫願経のお写経を体験してみましょう

付録の写経用紙は、當麻寺中之坊《たいまでらなかのぼう》で実際に行われている『中将姫願経《ちゅうじょうひめがんきょう》』のお写経です。

全二百五十八行のうち、極楽世界の鳥たちが紹介されている箇所の十四行をとりあげました。いろんな鳥たちの名前が登場し、それらが美しい声を出していることが説かれている場所です。鳥たちの和雅《わげ》なる鳴き声を想像しながら筆を運んでいただければと思います。

筆でなぞるのが本来ですが、筆ペンでもよいと思います。上手下手を問うものではありませんから気軽に体験してみてください。

お写経をするときは、息をゆっくりと吐きながら筆をゆっくりと運ぶことを意識してください。決して書き急いだり、力を込めすぎたりせず、ついつい息を止めてしまうような方は、「フゥ〜〜〜ッ」と長く息を吐くことを意識しながら書いていってほしいと思います。

気持ちが散漫になったり、いろいろなことが思い浮かんだりしてもかまいません。仏さまに筆を任せればきっと仏さまが書かせてくださいます。嫌なことが頭に浮かんでもかまいません。そのモヤモヤをむしろ仏さまに聞いてもらう気持ちでぶつけてみれば、仏さまがきっと受け止めてくださいます。

そして、この十四行を書いてみて、極楽世界の鳥たちや、中将姫《ちゅうじょうひめ》の文字に何か少しでも感じるところがあったなら、実際に當麻寺中之坊《たいまでらなかのぼう》に足を運び、全十五回のお写経に挑戦してほしいと思います。日常とは違う環境の中で、仏さまの慈悲に包まれるのを感じながら筆を運ぶ〝信受〟の行を体感できることと思います。

著者：松村實昭（まつむら・じっしょう）

1972年、奈良県生まれ。當麻寺中之坊貫主。同志社大学文学部卒業後、高野山専修学院で四度加行を成満し、1997年、當麻寺松室院住職・中之坊副住職に就任。2009年より現職。伝統の「當麻曼荼羅絵解き」を口伝継承し、中之坊客殿の他、大本山総持寺・国立劇場など各地で口演布教を行う。2005年、當麻曼荼羅写仏道場を開設、出張教室も開催するなど、宗教体験として行う写仏の指導者でもある。

當麻寺中之坊　称讃浄土経を読み解く

2024年10月16日　初版第一刷発行

著　　者　松村實昭

発 行 者　内山正之

発 行 所　株式会社西日本出版社
http://www.jimotonohon.com/
〒564-0044
大阪府吹田市南金田1-8-25-402

【営業・受注センター】
〒564-0044
大阪府吹田市南金田1-11-11-202
TEL.06-6338-3078　FAX.06-6310-7057
郵便振替口座番号　00980-4-181121

編　　集　松田きこ、森永桂子、中田優里奈（株式会社ウエストプラン）
写真協力　飛鳥園
デザイン　LAST DESIGN
印刷・製本　株式会社光邦

ISBN978-4-908443-90-9